Frédéric Bourgeois de Mercey

Les Arts en 1851

Critique

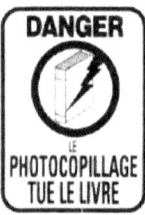 Le code de la propriété intellectuelle du 1er juillet 1992 interdit en effet expressément la photocopie à usage collectif sans autorisation des ayants droit. Or, cette pratique s'est généralisée dans les établissements d'enseignement supérieur, provoquant une baisse brutale des achats de livres et de revues, au point que la possibilité même pour les auteurs de créer des œuvres nouvelles et de les faire éditer correctement est aujourd'hui menacée. En application de la loi du 11 mars 1957, il est interdit de reproduire intégralement ou partiellement le présent ouvrage, sur quelque support que ce soit, sans autorisation de l'Éditeur ou du Centre Français d'Exploitation du Droit de Copie , 20, rue Grands Augustins, 75006 Paris.

ISBN : 978-1726139137

10 9 8 7 6 5 4 3 2 1

Frédéric Bourgeois de Mercey

Les Arts en 1851

Critique

Table de Matières

I. La Rome souterraine, l'Expédition de Mésopotamie et le Sérapéum   7

II. Les Arts en France depuis le Salon   39

I. La Rome souterraine, l'Expédition de Mésopotamie et le Sérapéum

Si la littérature est l'expression de la société, les arts sont le dernier mot de la civilisation et l'indice le plus certain de la vitalité d'un peuple. Aussi, à la veille d'une crise redoutée, quand l'avenir est enveloppé d'une obscurité fatale, quand les cœurs les plus résolus sont troublés et craignent de voir périr dans un commun naufrage la société et la civilisation, il est doux d'avoir à signaler dans le monde des arts un mouvement inespéré. Ce symptôme suffirait presque pour nous assurer sur l'existence de cette société qu'on croit défaillante. Il indique chez elle comme une sorte de certitude de l'avenir, comme un redoublement de vitalité suprême du plus favorable augure. Ce n'est pas quand l'arbre va périr que la sève monte avec tant d'ardeur.

Ce goût des arts, qui tend chaque jour à se généraliser, sera un des caractères les plus frappants de notre époque. Jamais peut-être leur action n'a été plus marquée, leur influence plus étendue ; jamais ceux qui les cultivent n'ont été plus nombreux, plus zélés, plus habiles ; Jamais leurs efforts n'ont été plus suivis et n'ont obtenu un succès plus réel. Il faudrait remonter jusqu'aux jours les plus prospères du dernier règne pour assister à un mouvement aussi énergique. Les artistes ont eu foi dans la protection éclairée que de nobles et encourageantes paroles leur avaient fait entrevoir lors de la clôture du dernier salon. Chacun d'eux s'est remis à l'œuvre avec une nouvelle ardeur, ceux-là pour se maintenir au premier rang, ceux-ci pour le conquérir, et nous ne doutons pas qu'à la prochaine exposition, plus d'une œuvre excellente ne vienne consacrer une réputation acquise ou révéler un talent nouveau. Cette assertion peut paraître hasardée ; nous espérons cependant que l'occasion s'offrira de prouver qu'elle n'a rien de téméraire. En attendant que nous puissions jeter un coup d'œil sur les travaux qui se préparent dans nos ateliers, sur les décorations qui s'achèvent dans nos églises, nous devons nous occuper d'objets d'un ordre tout particulier, qui présentent un intérêt sinon également vif, du moins également général et considérable.

Le mouvement que nous constatons ici ne s'est pas arrêté, en effet à ce qu'on pourrait appeler la *production*. Il a embrassé tous les travaux qui concernent les beaux-arts : la décoration des édifices publics, le classement et l'organisation des musées, la restauration des monuments historiques, la publication des documents qui intéressent les arts, — l'achèvement de monuments d'un ordre spécial, comme le tombeau de l'empereur Napoléon, celui de l'archevêque de Paris, — les décorations sculpturales du pont d'Iéna, de l'École des mines, de l'École des arts et métiers. Ce mouvement, l'active volonté d'un ministre a su résolument étendre son action hors des limites étroites fixées par le budget. Toutes les fois qu'une occasion favorable et qui intéressait la gloire du pays s'est présentée, M. Léon Faucher s'est empressé de la saisir, et, si les ressources ordinaires ne pouvaient suffire à l'exécution de projet non prévus, il n'a jamais craint de prendre une initiative délicate, de réclamer les crédits nécessaires, et, il faut le dire, il a toujours réussi. Ainsi, sur sa proposition, l'assemblée législative vient de décider qu'une somme importante serait consacrée à l'une de ces grandes publications, dont s'honore la France, la *Rome souterraine de* M. Perret ; que les fouilles entreprises à Ninive par M. Botta et interrompues depuis plusieurs années seraient continuées par M. Place, son successeur au consulat de Mossul ; qu'une grande expédition scientifique serait envoyée dans la Mésopotamie et la Babylonie pour compléter les belles découvertes faites sur le sol assyrien ; qu'en Égypte, un temple du dieu Sérapis, récemment découvert par M. Mariette aux environs de Memphis, serait déblayé, et que les statues et les nombreux objets d'art provenant de ces fouilles viendraient enrichir le minée du Louvre. L'assemblée a complété son œuvre par le vote des crédits extraordinaires, qui ne s'élèvent pas à moins de 312,000 francs.

Chacune de ces décisions législatives a, comme on voit, une importance réelle, et quelques-unes sont d'un haut intérêt pour les arts. Comme, parmi les travaux qu'elles encouragent, quelques-uns ont ru déjà un certain retentissement et qu'ils ne peuvent manquer d'attirer longtemps encore l'attention du monde savant, nous croyons utile de les examiner ici avec quelque détail, dans l'intention surtout d'en faire pressentir les résultats probables. Le temps présent semblait peu favorable aux arts, et les voilà tout à coup en veine de prospérité. C'est le bilan de cette situation inespérée que nous voudrions établir sur le terrain des études archéologiques d'abord, et plus tard dans le domine des créations originales.

I

Dans les premiers mois de l'année 1850, le bruit se répandit parmi les artistes et les savants que d'intéressantes découvertes venaient d'être faites dans les catacombes de Rome. On racontait qu'un de nos architectes les plus intelligents s'était livré à une longue et pénible investigation de cette cité souterraine, avait pénétré dans de nouvelles galeries, découvert de nombreuses salles ornées de peintures et de curieux monuments, qu'il avait dessiné et mesuré les unes, calqué les autres, et que le résultat de cette patiente exploration devait apporter de nouvelles lumières tant sur les premiers temps de l'histoire du christianisme que sur les origines de l'art chrétien.

L'intérêt et la curiosité de tous ceux qui s'occupent de l'histoire de l'art étaient éveillés au plus haut degré, lorsque, peu de temps après, M. Perret revint à Paris, rapportant ses précieuses collections. *Fama crescit eundo* : cette fois, le contraire avait eu lieu ; le fait avait une tout autre importance que ce que la renommée avait pu en raconter. Monuments et fragments d'architecture, peintures à fresque et sur verre, mosaïques, vases, lampes, inscriptions et symboles gravés sur les pierres sépulcrales des cimetières des premiers chrétiens, M. Perret avait tout recueilli, tout reproduit ; son portefeuille renfermait plus de cinq cents pièces, dont la majeure partie était inédite c'était un véritable trésor d'une valeur inestimable. Cette collection n'était pas seulement précieuse par la quantité des morceaux recueillis, par l'importance de chaque pièce, par la rareté et la nouveauté de plus grand nombre : elle avait été formée avec une méthode qui en augmentait singulièrement la valeur. En effet, M. Perret était parti de France avec un plan bien arrêté, avait suivi un ordre presque rigoureux dans ses recherches, entreprises avec un but déterminé ; enfin il n'avait ni recueilli au hasard ni reproduit légèrement les monuments découverts. Obéissant au mouvement si remarquable qui, depuis quelques années, a remplacé dans les études historiques les conjectures par les faits, et qui veut qu'avant tout on remonte aux origines, M. Perret, tout entier à l'étude de l'histoire de l'art chrétien, avait résolu de remonter dans le passé aussi loin qu'il lui serait permis de le faire, et c'est au fond des catacombes, c'est dans leurs parties encore inexplorées qu'il avait dû rechercher les plus anciens monuments de date certaine.

Les catacombes de Rome se composent, comme on sait, d'une suite de galeries souterraines, aboutissant à des carrefours et donnant accès, de distance en distance, dans des salles cintrées d'ordinaire, et dont les parois contiennent tantôt des niches cintrées également, tantôt de simples tiroirs superposés. Ces niches et ces tiroirs sont destinés à recevoir les corps. On dirait une transformation du *columbarium* païen devenu insuffisant, et devant, au lieu des urnes cinéraires, recevoir les corps dans leur intégrité. Les vastes souterrains qui s'étendent sous la campagne romaine, et d'où autrefois on a extrait la pouzzolane, avaient été de temps immémorial appropriés à ces usages funèbres ; mais, dès que les chrétiens s'y furent établis, le hasard seul ne présida plus à ces excavations [1] : on les étendit et on les continua sur un plan déterminé. Une corporation religieuse fut chargée de diriger les travaux, proportionnant la forme et la dimension de chaque nouvelle salle à l'importance du personnage dont elle devait recevoir les restes. Les parties des parois de ces salles laissées libres étaient disposées de façon, à recevoir des peintures, surtout quand il s'agissait, d'un personnage vénéré pour sa piété ou son martyre. Le fond du caveau, et particulièrement le pourtour de l'archivolte, et dans les salles principales les plafonds étaient réservés pour cette décoration. Souvent il est arrivé (et nous en trouvons la preuve dans les dessins de M Perret) que toutes les niches du caveau étant pleines et la place manquant pour un nouveau mort, il a fallu excaver les parties revêtues de peintures et tailler en plein tableau, souvent aussi les peintures sont superposées, et de nouveaux sujets sont appliqués sur de plus anciens ; mais il est un fait constant, c'est que la peinture recouverte est toujours supérieure à la peinture qui la recouvre. Plus l'art se rapprochait de la tradition païenne, moins il avait déchu ; les procédés étaient nécessairement supérieurs. Il est fort probable que les chrétiens n'avaient fait que continuer la tradition païenne, quant au système d'ornementation des sépultures, comme les Romains eux-mêmes n'avaient fait que se conformer aux usages de leurs pères, imitateurs des Étrusques et des Égyptiens, en consacrant ces souterrains à la religion et aux morts. Les catacombes romaines sont l'analogue des nécropoles de Thèbes et de Mémphis, des latomies de Naples et de Syracuse, et des hypogées de Tarquinie. Une chose digne de remarque, c'est que la décoration des hypogées étrusques comprend également des images et des symboles relatifs à l'état des âmes après la mort, et les emblèmes des peines et des récompenses posthumes y sont fréquemment figurés.

Aucune de ces sépultures souterraines ne renferme un si grand nombre de peintures et de sculptures, de monuments de toute espèce, que les catacombes romaines. Pendant plus de six siècles, les artistes chrétiens y ont déployé a loisir, leur savoir-faire : C'est un musée religieux des plus curieux et des plus complets. Cependant, depuis longues années, l'étude des catacombes de Rome et des monuments singuliers qu'elles renferment avait été complètement négligée. — L'entrée des cryptes était obstruée ; beaucoup de galeries étaient fermées, et l'accès en était en quelque sorte interdit à l'étranger qui se présentait pour les visiter. Enfin, sous le pontificat de Grégoire XVI, la découverte de peintures d'un certain intérêt, et particulièrement d'une image de la Vierge qui remontait au IIIe siècle de l'ère chrétienne, vint reporter l'attention des savants et des fidèles sur ces souterrains mystérieux. On en reprit l'exploration avec une nouvelle ardeur. On s'attendait à ce que d'importantes découvertes signaleraient ce mouvement, et on espérait que les résultats en seraient consignés dans quelque intéressante publication ; il n'en fut rien. Quelques peintures furent reproduites isolément dans divers recueils d'une valeur secondaire, et le père Marchi, savant jésuite, qui avait imprimé aux recherches les plus récentes et à la nouvelle étude des catacombes romaines une active impulsion, ne se servit guère des monuments découverts en dernier lieu et reproduits d'ailleurs avec soin, mais sur une très petite échelle, que comme de pièces à l'appui de l'histoire des édifices chrétiens des premiers siècles qu'il publie aujourd'hui. Le champ, comme on voit, était libre ; il appartenait à M. Perret de montrer ce qu'il pouvait produire.

Notre laborieux compatriote a consacré six années de sa vie à mener à bonne fin sa longue et difficile entreprise. Il s'était proposé de tout explorer et de tout voir, et il a voulu se tenir parole. C'étaient soixante catacombes à parcourir, dont les galeries, réunies bout à bout, présentent un parcours de plus de trois cents lieues. En sens inverse des bâtiments construits sur les terrains qui les recouvrent, ces demeures souterraines présentent plusieurs étages superposés, dont le quatrième et le plus profond s'enfonce à plus de quatre-vingts pieds sous le sol. M. Perret n'a reculé devant aucun sacrifice, aucun obstacle, aucune fatigue. Pendant cinq années de sa vie, il s'est en quelque sorte enseveli vivant dans ces immenses caveaux mortuaires, explorant dans tous les sens les vastes et mystérieux quartiers de cette cité souterraine qui s'étend ses les faubourgs de la ville antique ou sous la campagne romaine. Les dangers étaient nombreux, et les difficultés semblaient insurmontables. Plusieurs fois, M. Perret s'est presque vu contraint de renoncer à sa courageuse entreprise. Tantôt les guides, rebutés et voyant s'ouvrir devant eux des espaces inconnus et s'allonger de tous côtés de nouvelles et profondes galeries, hésitaient, s'arrêtaient et refusaient d'accompagner le voyageur dans des quartiers qu'ils n'avaient pas encore parcourus, et où ils couraient le risque de s'égarer, ce qui leur arriva en plus d'une occasion. Les promesses, l'exemple et la constance de M. Perret pouvaient seuls triompher de leur répugnance. D'autres fois, un éboulement leur barrait le chemin, et on ne pouvait passer outre qu'après, avoir déblayé d'étroits couloirs, qui pouvaient se refermer derrière l'explorateur ; souvent l'humidité et d'inquiétantes infiltrations rendaient le passage plus périlleux encore ; enfin, quand il fallait descendre au plus profond de la crypte, dans ce dernier étage dont nous parlions tout à l'heure, l'air, qui ne peut jamais se renouveler, devenait de plus en plus rare, les flambeaux s'éteignaient, et la suffocation était imminente. À ces difficultés matérielles se joignaient des empêchements d'une tout autre nature, mais dont l'expérience et la volonté de l'explorateur pouvaient seules triompher. Les artistes dont le concours lui était nécessaire, n'étant pas soutenus par le puissant mobile qui l'animait, se lassaient d'un travail ingrat, toujours exécuté à la lueur des lampes, de cette existence de mineur ou de troglodyte, et hésitaient à l'accompagner dans d'interminables et périlleuses excursions. Avait-il découvert quelque nouveau pan de mur orné de peintures, les siècles semblaient entrer en lutte avec lui, et refusaient de lui

I. La Rome souterraine, l'Expédition de Mésopotamie et le Sérapéum

rendre les monuments de cet art qu'ils avaient comme dévorés. Ce n'était qu'au prix de fatigues infinies, d'expériences délicates, de beaucoup de temps et d'une merveilleuse patience, qu'il parvenait à enlever le voile de poussière et de nitre dont ces peintures étaient recouvertes, et à les rendre à la lumière.

Toutefois les difficultés les plus réelles peut-être, et qu'un moment M. Perret a pu croire insurmontables, prenaient leur source, dans les scrupules les plus honorables. Avant tout, M. Perret voulait être vrai ; ce cachet de sincérité qu'il désirait imprimer à son œuvre, le mode particulier de reproduction que, pour arriver à ce résultat, il s'était fait comme une inflexible loi d'adopter et de suivre lui rendaient singulièrement difficile le choix de ses interprètes, et il désespéra plus d'une fois d'en rencontrer de suffisants. M. Perret sentait que la vérité, la naïveté devaient faire le principal mérite d'un travail qui, reproduisant des monuments nouveaux et inconnus pour la plupart, ne pouvait acquérir de prix qu'autant que le caractère propre et vrai, c'est-à-dire la forme et l'esprit des monuments, seraient conservés, et qu'il pourrait nous en donner la représentation en quelque sorte identique ; mais, pour arriver à cette identité, il faut s'astreindre à copier fidèlement, naïvement, sans rien ajouter à ce qui est, sans rien retrancher, et reproduire les défectuosités avec le même scrupule que les beautés, or cette fidélité quand même cette naïveté soumise, sont ce que l'on obtient le plus difficilement d'un artiste de talent. Consentir à ne pas montrer ce qu'on sait, renoncer à toute personnalité, c'est un sacrifice auquel personne ne se résigne volontiers dans les arts comme en toute chose ; aussi un copiste fidèle et naïf est-il beaucoup plus difficile à rencontrer qu'un bon traducteur. Où celui-ci met son savoir-faire et son adresse, celui-là met sa conscience, et il paraîtrait que les gens consciencieux sont infiniment moins nombreux que les gens habiles où les gens adroits. Pour reproduire une fresque, il ne suffit pas seulement de la calquer ; il faut un dessinateur pour reporter le calque, un peintre pour rétablir la couleur. C'était ce dessinateur et ce peintre que M. Perret devait rencontrer et diriger, dont il fallait obtenir cet absolu sacrifice de toute personnalité. M. Perret a mis dans ce choix le bon sens et le tact qui le distinguent ; il s'est associé un de nos artistes les plus méritants et les plus sincères, M. Savinien Petit, et le résultat, nous prouve que sa confiance ne pouvait être mieux placée. Les dessins de M. Petit, exécutés avec une sorte de candide et scrupuleuse fidélité, et dans lesquels on n'a nullement cherché à dissimuler les imperfections des originaux, empruntent à ce système de rigoureuse exactitude ce caractère de nouveauté, de naïve majesté, parfois de surnaturelle grandeur, qui les distinguent de toutes les reproductions analogues. Il n'y a là ni négligence ni mépris effronté de la vérité, comme dans certaines publications antérieures, ni puérile affectation de naïveté, comme pouvaient le faire craindre certaines influences ou l'exagération systématique du principe adopté. Il y a conscience et réalité, rien ne fait dissonance ; le mode juste est trouvé. Aussi l'effet produit par le portefeuille de M. Perret a-t-il été universel et profond.

Un rapide coup d'œil jeté sur les publications de ses devanciers nous permettra de mieux apprécier tout le mérite et toute la valeur de son travail. – Il paraît à peu près certain que jusqu'aux VIIIe et IXe siècles les catacombes, furent en grande vénération ; les plus grands soins étaient apportés à l'entretien de ces galeries souterraines. À certaines époques de l'année et particulièrement lors des fêtes des martyrs, on y célébrait de pompeuses cérémonies ; les fidèles y sollicitaient une place après leur mort ; les papes eux-mêmes recherchaient cet honneur, et de leur vivant y faisaient de longues retraites comme pour retremper leur foi dans ces solitudes consacrées. Peu à peu cependant la ferveur tomba, le zèle se refroidit, et, vers le milieu du IXe siècle, la plupart des catacombes, sinon toutes, étaient oubliées, et les ouvertures qui y donnent accès étaient comblées. Pendant quatre ou cinq siècles, on parut même ignorer qu'elles eussent existé. Ce ne fut qu'au XVIe siècle, sous le pontificat de Sixte-Quint, qu'on en fit comme une nouvelle découverte et qu'on recommença à s'en occuper. Ce pape, dont la puissante activité s'appliquait à tout, les avait fait ouvrir pour en extraire les reliques des martyrs, et peut-être, qui sait ? pour y chercher des trésors qu'elles pouvaient receler. Les curieux et les savants, obéissant au mouvement du siècle qui reportait vers le passé son attention inquiète, saisirent avec empressement l'occasion qui s'offrait d'examiner en détail ces mystérieuses retraites et les innombrables monuments des temps d'autrefois qu'elles renfermaient. Antoine Bosio, agent de l'ordre de Malte à Rome, mit surtout à l'exploration des catacombes une ardeur

I. La Rome souterraine, l'Expédition de Mésopotamie et le Sérapéum

et une persévérance infatigables. Il ne se contenta pas de voir, il fit dessiner tous les monuments qu'il put rencontrer, tombeaux, chapelles souterraines, autels, sculptures, peintures, mosaïques, et il fit tout graver. La description de ces objets devait composer un ouvrage auquel il donna aussi le titre de *Roma soterranea* (Rome souterraine), mais qui ne put être publié qu'après sa mort. Bosio dressa les plans des catacombes connues avec une merveilleuse exactitude. Le travail de Bosio fut revu et complété par Arringhi, qui le publia de 1651 à 1659. Bottari mit à profit ces recherches dans son ouvrage sur les rites ecclésiastiques des trois premiers siècles du christianisme, et reproduisit identiquement les dessins de Bosio, tout imparfaits qu'ils étaient. Bien d'autres qui depuis ont écrit sur les catacombes se sont toujours servis de ces spécimens incomplets.

Séroux d'Agincourt, qui venu plus tard, apporta dans l'examen des peintures et des sculptures des catacombes sa critique judicieuse et son goût éclairé, fut peut-être le premier qui envisagea ces monuments au point de vue de l'art. L'ingénieux et savant rapporteur du projet de loi sur la *Rome souterraine* de M. Perret nous paraît avoir fait un peu trop bon marché de cette partie des travaux de l'historien de *l'art par les monuments*, qu'il mentionne à peine ; mais peut-être ne devons-nous voir là qu'une réticence politique. Ces planches de Bosio, reproduites par Bottari, « traitées, selon M. Vitet, dans cet esprit de convention et d'à peu près qui était la maladie des maîtres de l'époque, et à plus forte raison des manœuvres, » sont jugées peut-être plus sévèrement encore par Séroux d'Agincourt » Ce n'est pas, nous dit-il, en ce qui concerne les arts que les écrivains dont il vient d'être question (Bosio, Arringhi, Severano, Boldetti, Bottari, Marangoni, Buonarotti) se sont occupés des catacombes. S'ils eussent conçu ce projet, les dessinateurs qu'ils ont employés les auraient réellement desservis par l'infidélité de leurs imitations, au lieu de leur être utiles. Leurs gravures ne servent quelquefois à autre chose qu'à indiquer le nombre des figures et à faire connaître les costumes ecclésiastiques. La comparaison que j'en ai faite sur les lieux mêmes avec les monuments originaux m'ayant convaincu qu'ils ne pouvaient servir à établir avec la précision convenable le style de chaque âge, je me suis décidé à faire dessiner de nouveau tous les sujets propres à entrer dans mon plan parmi ceux qui avaient été déjà publiés. J'y ai joint les peintures et les sculptures découvertes depuis la publication des ouvrages de Boldetti et de Bottari, qui n'avaient pas encore été dessinés, et notamment celles qui ont été trouvées sous mes yeux depuis l'an 1780, me flattant qu'indépendamment de l'usage que j'en voulais faire, les personnes qui cultivent la science des antiquités ecclésiastiques seraient bien aises de les connaître [2]. »

Il y a certainement une différence très sensible entre les dessins de Séroux d'Agincourt et les dessins de ses devanciers, mais la plupart de ces reproductions se sentent toujours du goût de l'époque et sont encore exécutées dans des proportions trop réduites. Nous trouvons, il est vrai, une intention de *fac-simile* dans quelques têtes données, dans les dimensions des originaux ; mais le dessinateur n'a pas voulu ou plutôt n'a pas pu obéir à la volonté qui le dirigeait. Ces mêmes défauts que M. Vitet reproche aux planches de Bosio et de Bottaci se retrouvent dans les dessins de Séroux d'Agincourt, comme on les rencontre, du reste, dans la plupart des planches de son grand ouvrage, et cela par une excellente raison, parce qu'à cette époque les dessinateurs n'étaient rien moins que guéris de cette maladie de l'à peu près signalée dans l'éloquent rapport que nous avons déjà cité. Le sont-ils bien aujourd'hui ? Nous n'oserions l'assurer. Il y a certainement plus de rigueur et moins d'une certaine convention dans les dessins qui ornent les grandes publications contemporaines. Nous craignons cependant quelquefois qu'on ne tende à remplacer une manière par une autre, qu'on ne recherche et qu'on ne s'impose un parti pris de simplicité trop absolue. C'est sur cette tendance que devra surtout porter la sollicitude de la commission qui sera chargée de surveiller la publication de l'œuvre de M. Perret. Elle tiendra à ce que ses dessins soient reproduits identiquement, s'il se peut, et que le graveur ne sacrifie pas plus à la naïveté puérile et à la gaucherie affectée qu'au style, à l'effet, à la tournure.

Quoi qu'il en soit, les immenses progrès faits, depuis Séroux d'Agincourt, à ce point de vue de la réalité dans les arts du dessin, ont grandement profité à M. Perret, qui a obtenu les résultats que son devancier n'avait fait que pressentir et entrevoir. Nous conviendrons, pour être juste, que M. Perret a eu l'avantage de pouvoir consacrer à cette reproduction des peintures et sculptures

I. La Rome souterraine, l'Expédition de Mésopotamie et le Sérapéum

des catacombes un ouvrage spécial ; mais la plupart de ses dessins, exécutés sur une grande échelle et quelquefois dans la proportion des peintures originales, ne laissent-ils rien à désirer. Ajoutons, que cette collection, qui restitue à tout une période de l'histoire de l'art son véritable caractère, ne comprend pas moins de trois cent soixante études de format grand in-folio, dont cent cinquante-quatre fresques, soixante-cinq monuments, Vingt-trois planches de peintures sur verre reproduisant quatre-vingt-six sujets, quarante-une planches représentant des lampes, vases, anneaux et instruments de martyre, au nombre de plus de cent objets différents, enfin quatre-vingt-quinze planches d'inscriptions comprenant plus de cinq cents pierres sépulcrales ; mais ce qui doit donner à ce recueil une valeur inappréciable, c'est que sur les cent cinquante-quatre fresques dessinées par l'auteur, et qui remontent pour la plupart, aux premiers siècles de l'église, plus des deux tiers sont inédites, et un certain nombre n'ont été découvertes, que de 1840 à 1850. Nous mentionnerons, parmi ces dernières, les peintures du célèbre puits de la Platonia, qui servit de tombeau pendant un certain temps à saint Pierre et à saint Paul, que le pape Damase avait fait orner de fresques vers 365, et qui, depuis cette époque, était resté fermé. M. Ferret, autorisé par le gouvernement romain, a pu y descendre, a fait enlever les matériaux qui l'encombraient, et y a découvert des peintures représentant le Christ, les apôtres, et deux tombeaux en marbre de Paros, où furent sans doute déposés les restes de saint Pierre et de saint Paul.

Ce n'est pas seulement la restitution d'une histoire incomplète et cette sorte de révélation d'un art tout nouveau qui donnent aux découvertes de M. Perret une si haute valeur ; ce sont surtout les résultats inattendus qu'elles nous présentent, au double point de vue de l'art et du dogme. Elles comblent, en effet, des lacunes de plus d'un genre ; elles permettent de rattacher d'une manière incontestable l'art moderne à l'art antique ; elles lèvent, d'autre part, à en croire les hommes les plus compétents, certains doutes que l'interruption de ce qu'on pourrait appeler la tradition par les monuments avait laissés sur quelques points des premiers temps de l'histoire du christianisme. Enfin, et toujours à ce double point de vue de l'art et du dogme, M. Perret croit, à l'aide de ses découvertes, pouvoir établir de la manière la plus certaine, les origines des images traditionnelles du Christ, de la Vierge, des apôtres et d'un grand nombre de personnages. La publication de cette vaste collection doit donc exciter à un haut degré l'intérêt, non-seulement des artistes, mais des croyants et de tous ceux qui s'occupent de l'histoire des premiers temps du christianisme. Nous ne savons si M. Perret convaincra les incrédules et s'il fera cesser toute incertitude. Ce qu'il y a de certain, c'est que les monuments qu'il nous met sous les yeux sont extrêmement nombreux et portent en quelque sorte chacun sa date. Ainsi, dans les catacombes de Saint-Calixte, sur la voie Appienne, à Saint-Pierre et à Saint-Marcellin, il a découvert les plus anciennes peintures où soient figurées les images du Christ. Ces peintures retracent des sujets de l'Ancien et du Nouveau Testament : Jonas, le Christ et les docteurs, la résurrection de Lazare, la multiplication des pains, la croix entourée de fleurs, et on y remarque une représentation extrêmement curieuse des premières agapes. Cette dernière composition, qui nous montre une matrone charitable placée entre deux serviteurs assis aux deux bouts de la table, et distribuant des vivres aux survenants, est traitée avec un naturel et une noblesse de style bien rares dans tous les temps. Ces fresques sont d'ailleurs de la meilleure époque ; elles : remontent aux Ier et IIe siècles et seront reproduites par cinquante-huit planches de l'ouvrage de M. Perret. Dans quelques-unes de ces peintures, l'ensemble de la décoration et même les sujets sont empruntés au paganisme, et à propos Séroux d'Agincourt remarque fort judicieusement que l'esprit d'imitation devait d'autant plus naturellement se manifester de cette façon, que les usages civils étaient les mêmes pour les deux cultes et que souvent un père idolâtre avait des enfants chrétiens. Dans la plupart des autres fresques, le paganisme expirant et la religion nouvelle se combinent plus ou moins heureusement et indiquent aussi clairement que possible la transition. Ainsi les sujets sont bien pris dans l'Ancien et le Nouveau-Testament, mais la distribution des groupes, l'arrangement des accessoires et en général l'aspect et tout ce qui tient au mode d'exécution appartiennent à l'art païen encore florissant. Le christianisme fournit le fond, le paganisme la forme. De siècle en siècle, et à mesure que le christianisme gagne du terrain, cette forme se modifie ; l'art nouveau cherche un nouveau mode de représentation ; il ne se borne plus à penser, il exprime et avec un langage qui lui est propre.

Les découvertes faites aux catacombes de Sainte-Agnès, sur la voie Nomentane, dont les peintures paraissent remonter aux IIe et IIIe siècles, ne sont pas moins intéressantes, et cependant ce cimetière, comme celui de Saint-Calixte, est l'un des plus anciennement ouverts. Au nombre des cinquante-sept sujets recueillis dans ses cryptes par M. Perret, on remarque *Adam et Eve tentés par le serpent, Tobie et l'Ange. Daniel dans la fosse aux lions, Hérode et les Mages,* le *Paralytique* et un *Moïse frappant le rocher*, « que Raphaël semble avoir vu avant de travailler au Vatican, » a dit M. Vitet dans son rapport. La plus remarquable de toutes ces peintures est celle où Jésus-Christ est représenté assis au milieu de ses disciples. Il y a dans ce morceau du charme et de la majesté, et les airs, les mouvements de tête sont à la fois simples ; nobles et délicats.

Aux catacombes de Saint-Laurent et Sainte Cyriaque sur la voie Tiburtine, M. Perret a retrouvé une curieuse image de la Vierge avec l'enfant Jésus et plusieurs saints, un portrait de Notre-Seigneur avec deux apôtres ; dont l'attitude est pleine de majesté, et peut-être les plus anciens portraits que l'on connaisse de sainte Cécile, sainte Cyriaque et sainte Catherine. Ces peintures datent des IIIe et IVe siècles.

Les catacombes de Sainte-Priscille présentent une des cryptes les plus remarquables, dite la sépulture de sainte Priscille. Les peintures qui décorent ce caveau sont certainement le spécimen le plus frappant de l'art retrouvé dans les catacombes. Aux deux extrémités du tombeau sont figurées deux femmes debout, les mains levées, les yeux tournés vers le ciel, dans l'attitude de la prière, *orantes* ; l'une d'elles représente sainte Priscille ; l'autre sa compagne ; toutes les deux, mais particulièrement la sainte portent des costumes d'une grande magnificence et d'une disposition tout-à-fait extraordinaire. M. Perret a recueilli dans les mêmes catacombes une autre magnifique figure de femme en prière, vêtue d'une robe rouge ornée d'une large draperie noire, et d'une majesté sans pareille. Le *Moïse frappant le rocher* qu'on trouve dans les mêmes salles est peut-être supérieur au Moïse des catacombes de Sainte-Agnès. Toutes ces figures sont traitées avec une ampleur et une puissance de jet qu'on n'a pas surpassées. À Sainte-Praxède, à Saint-Prétextat,-à Saint-Hermès, à Saint-Sixte, à Saint-Thrason, à Saint-Saturnin, et dans un grand nombre de catacombes, les recherches de M. Perret n'ont pas eu de moins heureux résultats. Il y a retrouvé plus de quatre-vingts, sujets, la plupart relatifs aux origines du christianisme.

Les peintures sur verre ne sont pas d'un moindre intérêt ; ce ne sont pas des vitraux de fenêtres, ce sont des médaillons incrustés dans les parois et au fond des vases dans lesquels on recueillait le sang des martyrs ou qui servaient aux cérémonies du culte. Les sujets qui les décorent, et qui représentent presque toujours des symboles religieux ou de saints personnages, sont gravés sur des feuilles d'or appliquées sur le verre ou faisant corps avec lui. Les inscriptions, au nombre de cinq cents et presque toutes des quatre premiers siècles du christianisme, ont été recueillies en *fac-simile* ; les modèles de vases et de lampes sont pour la plupart inédits. Les terres cuites sont peu nombreuses, mais d'un grand prix ; on distingue dans le nombre un grand médaillon représentant une tête de Christ barbue, d'un merveilleux caractère, finie comme un camée et qui rappelle le Jupiter Trophonius du Musée des antiques.

La partie de la publication de M. Perret relative à l'architecture a surtout le mérite de la nouveauté. M. Perret n'a pas voulu, avec raison, refaire ce que ses devanciers avaient restitué déjà d'une façon à peu près satisfaisante ; il s'est donc borné à dessiner un petit nombre de salles déjà connues, en choisissant de préférence celles qui présentaient un caractère particulier, et il a consacré ses autres dessins, soixante-quatre sur soixante-treize, à la reproduction de salles découvertes depuis les anciennes publications. « Cette partie de l'ouvrage de M. Perret, dit M. Vitet, juge si compétent en pareille matière, quoique moins attrayante, n'est ni moins neuve, ni moins intéressante en son genre que celle qui concerne la peinture. On y rencontre des chapiteaux, des bases de colonne et autres détails architectoniques qui ne peuvent manquer de causer quelque émoi chez les archéologues. D'après leur forme et leurs principaux caractères, on les croirait volontiers postérieurs à l'an 1000, tandis qu'ils doivent être du Ve siècle au plus. Ces catacombes sont comme un réservoir où tous les âges, même à leur insu, sont toujours venus puiser. La parfaite exactitude de ces dessins d'architecture résulte des innombrables cotes prises par M. Perret lui-même. En sa qualité d'architecte, il devait apporter un soin particulier à cette partie de son travail, et les pièces justificatives sur lesquelles il s'appuie sont hors de contestation [3]. »

On peut se faire une idée maintenant de l'excellence de la collection de M. Perret, de sa nouveauté et de l'intérêt que les amis des arts devaient attacher à ce qu'elle ne restât pas ensevelie dans les cartons de l'auteur, et surtout à ce qu'elle ne fût pas perdue pour la France. Dès que le gouvernement eut connaissance de ce beau travail et qu'il eut pu en apprécier le mérite, il sentit qu'il avait un noble devoir à remplir. Il s'agissait d'élever un monument national et d'empêcher que M. Perret, contraint par la nécessité de rentrer dans des avances qui engageaient sa fortune, ne portât son ouvrage à l'étranger, qui lui faisait des offres. M. le ministre de l'intérieur pensa que cela devait suffire pour intéresser les sympathies et le patriotisme de l'assemblée. C'est à elle qu'il résolut de demander le crédit nécessaire (180,814 fr.). Le ministre n'avait pas trop présumé du bon goût et de la générosité de ses collègues, et l'ouvrage de M. Perret sera publié en France, publié par l'état, c'est-à-dire d'une manière digne de son importance et digne du pays.

II

Les Égyptiens, les Perses, les Grecs et les Romains, tous les peuples qui ont joué un certain rôle dans l'histoire du passé, nous ont laissé des traces de leur existence, des monuments de leur civilisation. Jusqu'à nos jours, les Assyriens seuls nous étaient restés à peu près inconnus. L'histoire profane et les livres saints parlent accidentellement des Assyriens comme d'un grand peuple ; mais ce grand peuple avait passé sur la terre sans y laisser d'empreinte, et son histoire était perdue. Tout ce qui avait appartenu à ce puissant empire, contemporain des premiers âges du monde, qui avait pour site ces vastes plaines de la Mésopotamie, le berceau du genre humain, et pour capitales Babylone et Ninive, tout ce qui pouvait rappeler son passé et amener la restitution de son histoire restait comme enveloppé d'une impénétrable obscurité ; l'oubli semblait avoir tout dévoré. M. Botta, le premier, a déchiré le voile dont s'enveloppaient ces vieilles et mystérieuses nations : il nous a révélé d'un même coup une histoire, un art et une civilisation. Grace à lui, Ninive s'est comme relevée du milieu des ruines où elle dormait depuis le prophète Jonas ; les palais de ses rois ont été retrouvés et fouillés, et bientôt l'Assyrie nous sera connue comme la vieille Égypte. Ses monarques superbes, premiers dominateurs de ces contrées du centre de l'Orient que baignent le Tigre et l'Euphrate, ont reparu devant nous, terribles dans la guerre, fastueux dans la paix, traînant les nations à leur suite ou les brisant sous leurs chars. Ces nations elles-mêmes sont sorties de la poussière où elles reposaient depuis trente siècles. Voilà ces somptueux Assyriens, amoureux des plaisirs plus amoureux encore de leurs personnes, qui devaient consacrer la moitié d'un jour à étager symétriquement leur barbe ou à boucler leur chevelure. Leurs riches vêtements, leurs costumes : si variés, leurs armes d'un travail si curieux, leurs meubles, leurs ustensiles, leurs bijoux, sont là sous nos yeux. Nous connaissons leurs usages, leurs mœurs, leurs arts surtout nous sont révélés. La rare perfection qu'ils savaient donner à leurs sculptures est un sujet d'étonnement pour nos artistes, et ces bas-reliefs, ces colosses de pierre, simples ornements d'un palais, nous font comprendre la colère des prophètes contre ces simulacres d'or et d'argent d'un si merveilleux travail, que leur vue seule corrompait le peuple de Dieu et le poussait à l'idolâtrie [4].

On conçoit l'émotion que cette résurrection d'un empire et d'un peuple a causée dans le monde savant. Depuis lors, une partie des monuments découverts par M. Botta ont été transportés en France et ont formé un nouveau musée. Le palais qu'il avait exploré a été décrit avec soin et représenté en détail dans un magnifique ouvrage ; on peut donc juger en parfaite connaissance de cause de l'importance de la découverte, de la rareté, et de la valeur des monuments recueillis. Sur les bords du Tigre comme en Égypte, la France avait donné l'impulsion et fait les premières découvertes. Pourquoi faut-il que la révolution de février soit venue interrompre une entreprise si heureusement commencée ? Au moment où cette révolution éclata, les sommes allouées par l'état étaient en partie épuisées, et des besoins autrement urgents ne permettaient plus à l'explorateur de compter sur des ressources de cette nature. Par une coïncidence fatale, vers la même époque, le consul de Bassorah fut rappelé, et le consulat de Mossul fut supprimé. Les recherches cessèrent donc absolument, et, jusqu'aux objets découverts à Khorsabad et qu'on n'avait pu encore enlever, tout fut abandonné.

L'Angleterre, comme d'habitude, a profité de cette fâcheuse situation. Tandis que M. Botta se trouvait dans l'impossibilité de reprendre et de poursuivre ses investigations, elle a dépêché sur le sol de l'ancienne Assyrie de savants et courageux explorateurs qui ont fouillé avec ardeur le filon que l'archéologue français avait ouvert. Ils ont d'abord recueilli une quantité de ces petits bas-reliefs d'un mètre de hauteur, dessinés Par M. Flandin [5], les plus curieux peut-être pour l'histoire de la civilisation assyrienne, et que, dans l'impossibilité de tout emporter d'une seule fois, on avait laissés dans les tranchées du monticule de Khorsabad ; puis, ils se sont attaqués aux plus considérables de ces monticules qui paraissent recéler chacun le palais d'un roi, et Koyoundjek, Khorsahad de Nimbroud, ont été simultanément explorés. À Khorsahad de Nimbroud, où l'un de nos compatriotes, M. Lottin de Laval, avait le premier signalé la présence d'antiquités curieuses, M. Layard a rencontré un monument de date plus ancienne que le palais découvert par M. Botta, et il y a recueilli de nombreux et précieux spécimens de l'art assyrien d'une époque antérieure à celle des sculptures de Khorsabad. Cette différence ne se manifeste toutefois que dans les détails ; à Nimbroud comme à Khorsabad la disposition du palais paraît la même, et la décoration sculpturale se compose également de colosses et de bas-reliefs alternant avec des inscriptions. Les colosses de Nimbroud, déposés au Musée britannique depuis environ une année, sont de moindre dimension que les colosses du musée du Louvre. En revanche, tandis que les deux colosses du Louvre représentent chacun un taureau ailé, à figure humaine, ceux du Musée britannique représentent l'un un taureau, l'autre un lion ailé, également à figures humaines. À Nimbroud comme à Khorsabad, toutes ces figures se ressemblent, et paraissent être les portraits du prince régnant. Seulement la coiffure et les détails de l'ajustement ne sont pas les mêmes.

   L'intérêt qui s'attache à ces découvertes est d'autant plus vif, qu'aujourd'hui les textes nombreux qui accompagnent les sculptures assyriennes ne sont plus indéchiffrables, et que d'ingénieux et patients érudits ont su rendre la vie à ces lettres mortes. Une communication toute récente du colonel Rawlinson [6] paraît établir d'une manière certaine la date des monuments trouvés dans les palais de Khorsabad, de Koyoundjek et de Ninive.

Le colonel Rawlinson restitue avec précision toute une période de l'histoire de la seconde dynastie assyrienne, comprenant les règnes des quatre souverains qui se sont succédé de l'an 740 à l'an 600 avant Jésus-Christ [7]. Le plus ancien en date de ces rois, qui ne serait arrivé au trône qu'après un interrègne dont M. Rawlinson n'a pu déterminer la durée, est celui qui avait bâti et qui habitait le palais de Khorsabad, découvert par M. Botta ; son nom serait Sargina, Sarghun [8] ou Sargon, le Salmanazar de la Bible. L'épithète de Shalmenezer, qui lui est attribuée dans plusieurs des inscriptions copiées par M. Botta, ne laisserait aucun doute à ce sujet. La planche soixante-dix des inscriptions de Khorsabad, reproduites dans l'ouvrage sur Ninive, retracerait la conquête de Samarie par ce prince dans la première année de son règne, et la conduite en captivité des vingt-sept mille deux cent quatre-vingts familles juives, qu'il remplaça par des colons de Babylone, une de ses autres conquêtes [9]. D'autres bas-reliefs auraient trait à la soumission de l'Égypte et des provinces limitrophes, et à l'appui que, selon Ménandre, Salmanazar aurait accordé aux Citiens contre Sidon. Une statue de ce prince, avec une inscription trouvée à Chypre par M. Rawlinson, ne laisserait aucun doute à ce sujet. Les bas-reliefs du palais de Khorsabad comprendraient quinze années du règne de Sargon. M Rawlinson pense que ce monument était achevé lors de la seconde conquête de la Judée et de la captivité de Babylone, dans la sixième année du règne d'Ézéchias. On ne trouve, en effet, aucun bas-relief et aucune inscription qui rappellent ces événements ; ceux qui ont trait à la guerre de Judée décorent un autre palais, et se rapportent à l'invasion de Sennachérib pendant la quatorzième année du règne d'Ézéchias.

Sargon avait bâti le palais de Khorsabad, Sennachérib a bâti celui de Koyoundjek, dont la découverte est toute récente [10], et que M. Layard vient d'exhumer. Là comme à Khorsabad, à Ninive et à Nimbroud, on a trouvé de nombreuses salles décorées de bas-reliefs et de colosses figurant des taureaux et des lions ailés à têtes humaines, représentation symbolique du monarque qui réunissait la force et la majesté. Sennachérib fit, à l'exemple de Sargon, son père, la guerre aux Babyloniens, aux Juifs et aux habitants de Sidon. La Bible rapporte la destruction miraculeuse de son armée par l'ange du Seigneur, qui tua dans une nuit cent quatre-vingt-cinq mille hommes, — sa fuite, hâtée par cet esprit de *crainte et de frayeur* que lui envoya le Seigneur, et son assassinat dans le temple de son dieu Nesroch par ses fils Adramelech et Sarasor [11]. Selon M. Rawlinson, l'inscription recueillie par M. Layard sur l'un des taureaux qui décorent l'entrée principale du palais de Koyoundjek comprendrait l'histoire de la troisième année du règne de ce prince, c'est-à-dire la conquête de Sidon et la guerre contre les villes de Syrie pendant laquelle eut lieu le soulèvement de la Palestine contre le roi Padiya et les officiers assyriens chargés du gouvernement de la province conquise. Padiya dut se réfugier à Jérusalem auprès d'Ézéchias, tributaire de Sennachérib. Les rebelles invoquèrent l'assistance des rois d'Égypte. Une nombreuse armée, commandée par le roi de Pelusium, marcha à leur secours. Sennachérib la défit complètement dans les environs d'une ville qui se nommerait Allaku, peut-être Asatus, près d'Ascalon [12]. Padiya sortit alors de Jérusalem et fut réinstallé dans son gouvernement. Peu après cette époque, des différends étant survenus entre Sennachérib et Ézéchias, son vassal, au sujet du tribut, Sennachérib ravagea toute la Judée, et menaça Jérusalem. Ézéchias fit sa soumission et abandonna au monarque, comme rançon, 30 talens d'or, 300 talens d'argent, les ornements du temple, les esclaves, les jeunes gens, les jeunes filles et les serviteurs mâles et femelles. À la suite de cette guerre heureuse, Sennachérib retourna en Assyrie. C'est à cette campagne qu'il est fait allusion dans l'Écriture [13], et peut-être dans Hérodote [14]. La concordance entre les historiens sacrés et profanes et la chronique de Sennachérib déchiffrée par M. Rawlinson existerait jusque dans le nombre de talens d'or et d'argent payés en tribut par Ézéchias.

Le successeur de Sennachérib fut Asar ou Ésar-Haddon, son fils, sous lequel aurait eu lieu une nouvelle transportation des Hébreux à Babylone. Les annales de son règne sont inscrites sur un cylindre du Musée britannique. Le monticule de Ninive, proprement dit, probablement le Niniona de M. Botta, était occupé par le palais du fils d'Esar-Haddon, grand guerrier qui soumit la Babylonie et étendit ses conquêtes jusque dans la Susiane et l'Arménie. Comme il n'a jamais guerroyé du côté de l'occident, la Bible ne fait pas mention de ce prince. C'est sous le règne de son fils, nommé Saracus ou Sardanapale par les Grecs, que Ninive fut détruite.

Ces découvertes de M. Rawlinson sont d'un grand intérêt pour l'histoire de l'art. M. Rawlinson prétend avoir déjà retrouvé les Samaritains parmi les captifs figurés sur les bas-reliefs de Khorsabad, et il croit pouvoir reconnaître dans ces mêmes bas-reliefs, non-seulement la ville de Samarie, mais Jérusalem, son temple, son roi Ezéchias et les jeunes captives livrées à Sennachérib, figurés par le ciseau d'artistes contemporains. Ce sont là des résultats bien positifs : nous laissons à nos savarts orientalistes qui se sont livrés à l'étude spéciale des textes interprétés par M. Rawlinson le contrôle de ces découvertes ; mais si quelques doutes pouvaient être élevés sur le système d'interprétation des monuments adopté par nos voisins ; il ne pourrait en exister aucun sur l'ardeur et la persistance qu'ils mettent à les retrouver. Depuis la découverte de M. Botta, les Anglais n'ont pas cessé, en effet, d'explorer et de fouiller toutes les localités de l'Asie centrale qui pouvaient renfermer des antiquités. M. Rawlinson, consul-général à Bagdad, et MM. Loftus et Layard sont déjà célèbres par leurs découvertes ; ce dernier surtout a enrichi le Musée britannique d'envois successifs de la plus haute importance. À l'heure qu'il est, plusieurs archéologues et savants anglais sont encore à l'œuvre. Les dernières nouvelles qu'on ait reçues de l'expédition anglaise sont de Hamadan (Ecbatane) ; elles sont extraites d'une lettre du colonel Williams, qui, parti du bas Euphrate, avait traversé le Kouzistan (l'ancienne Susiane), séjourné à Chouster, autrefois la capitale de cette province, et rejoint MM. Loftus et Churchill à Despoul, sa capitale actuelle. MM. Loftus et Churchill n'avaient pu obtenir la permission de faire des fouilles dans cette partie de la Susiane. Les *Seyds* (fanatiques qui prétendent descendre de Mahomet) y mettaient un empêchement absolu. Leur motif était que ces fouilles avaient pour objet la recherche de la pierre noire sacrée, maintenant enfouie, et qu'ils regardent comme une sorte de palladium. L'expédition réunie s'était rendue à Hamadan (Ecbatane) par Kermanchak ; elle avait fait halte à Takt-i-bostan pour y étudier ses sculptures si connues et qui sont figurées dans le *Voyage en Perse* de. MM. Coste et Flandin : De Takt-i-bostan, elle devait se rendre aux célèbres rochers de Biz-i-toun, où le colonel Rawlinson a fondé sa réputation en copiant et déchiffrant plus de quatre mille lignes d'inscriptions cunéiforme. Les sculptures de Biz-i-toun représentent le roi de Perse recevant

I. La Rome souterraine, l'Expédition de Mésopotamie et le Sérapéum

des captifs enchaînés les mains derrière le dos et attachés par le cou ; le monarque a le pied posé sur le cou du premier captif ; elles paraissent avoir une grande analogie avec les bas-reliefs de Koyouadjek et de Ninive. De Biz-i-toun, les voyageurs anglais avaient gagné Hamadan par Takt-i-chyrin, Essad-a-bad, en traversant les passes de l'Elvend. Leur projet était de se rendre d'Hamadan à Ispahan, d'Ispahan à Chiraz, Persépolis et Shapoor, et de retourner à Chouster dans la Susiane par Balikan et les plaines de Ramhormuz. Ils comptaient enfin s'établir au milieu des ruines de l'ancienne Suse et y faire des fouilles aussitôt que la saison le permettrait. Ils sont très probablement à l'œuvre au moment où nous écrivons.

Cette suite dans les recherches explique comment les collections assyriennes du Musée britannique, commencées longtemps après celles du musée du Louvre, ont acquis en un petit nombre d'années une tout autre importance. Aujourd'hui, il n'est que trop vrai, le Musée britannique possède des spécimens de l'art assyrien, sinon plus précieux, du moins infiniment plus nombreux que le musée du Louvre, et ces monuments appartiennent à des époques différentes. Chaque jour, grace à la persévérante activité des courageux explorateurs que nous venons de voir à l'œuvre, cette collection s'accroît dans de rapides proportions et tend à se compléter. Outre les bas-reliefs, les colosses et les sculptures de tout genre, si précieux pour l'histoire de l'art et la connaissance des religions, elle s'est enrichie d'une foule d'objets d'un ordre secondaire, armes, armures, vases, ustensiles, coffrets d'ivoire, bijoux, sceaux, cylindres, contrats imprimés en lettres cunéiformes. Ces objets, la plupart de petite dimension, n'en offrent pas pour cela moins d'intérêt et apportent de véritables lumières sur l'état social et la civilisation des habitants des grandes villes du Tigre et de l'Euphrate. Ils nous initient à leurs mœurs, à leurs usages, et nous permettent de refaire autrement qu'à l'aide d'hypothèses et de conjectures le tableau de leur intérieur et de leur vie privée. Or, il faut bien l'avouer, le musée assyrien du Louvre ne possède presque rien en ce genre. Depuis le classement des magnifiques sculptures et des bas-reliefs recueillis par M. Botta, cette collection ne s'est accrue que d'un petit nombre de fragments et de pierres gravées reproduisant en petit les sujets des bas-reliefs. Cet accroissement n'a lieu qu'au moyen d'acquisitions opérées à Paris quand une occasion se présente. Les occasions sont rares, et elles seraient plus fréquentes, que le crédit si restreint des musées nationaux ne permettrait pas de les saisir et d'en profiter. Le crédit consacré à l'accroissement de ces grands dépôts n'est, on le sait, que de 50,000 francs, 50,000 francs pour la peinture, la sculpture et les objets d'antiquité, pour tout enfin !

L'administration, après avoir si noblement encouragé les travaux que M. Perret avait menés à heureuse fin, ne pouvait refuser sa sollicitude aux explorations, aux recherches diverses que l'insuffisance des crédits laissait interrompues. M. le ministre de l'intérieur a mis dans l'affaire des musées à compléter la même suite que dans la publication de *Rome souterraine*. Il a senti qu'il fallait faire cesser ce temps d'arrêt fatal que nos voisins mettaient à profit, et qu'il ne fallait pas laisser exploiter par d'autres cette mine de richesses archéologiques que nous avions découverte. Une circonstance fortuite et des plus heureuses se présentait : M. Léon Faucher s'est empressé de la saisir. Le consulat de Mossul venait d'être rétabli, et M. Place en était nommé titulaire. Le nouveau consul, animé d'un noble zèle, se proposait de suivre l'exemple de son prédécesseur, M. Botta, et de reprendre les fouilles abandonnées : il demandait des instructions et des fonds. Cette demande a été entendue, et les fouilles d'Assyrie pourront être poursuivies comme elles ont été commencées, sous les auspices de la France.

III

Au même moment où l'attention du gouvernement était appelée sur les fouillés d'Assyrie, elle était attirée aussi vers l'Égypte, où M. Mariette attaché au musée du Louvre et alors en mission en Égypte, venait de faire une merveilleuse découverte. Il avait retrouvé à Saqqarah, sur le versant de la chaîne libyque, et au milieu des nécropoles de l'ancienne Memphis, un temple du dieu Sérapis. Ce temple, signalé par Pausanias [15] comme le plus ancien de ceux qui étaient consacrés à cette divinité, et que Strabon nous représente comme envahi de son temps par les sables du désert, qui s'élevaient déjà jusqu'à mi-corps de ses sphinx, était enseveli sous des dunes

I. La Rome souterraine, l'Expédition de Mésopotamie et le Sérapéum

de trente pieds de hauteur. Il était en conséquence plus intact et devait renfermer plus d'objets précieux que ceux qui depuis tant de siècles sont restés accessibles aux explorateurs. Aussi M. Mariette réclamait-il avec une insistance que l'on comprend l'aide de l'état pour en achever le déblaiement. L'importance de cette opération fut tout de suite reconnue. Le ministre de l'intérieur fit appeler M. de Longperier, le savant conservateur du Musée des antiques, et M. de Rougé, conservateur du Musée égyptien ; il consulta M. de Saulcy, l'érudit et courageux explorateur des bords de la Mer Morte, et il s'entoura ainsi de renseignements qu'il transmit à l'Institut, réclamant son avis tant sur l'affaire des fouilles à exécuter en Assyrie que sur le déblaiement du Sérapéum à Memphis. Cet avis ne se fit pas attendre. L'Académie des Inscriptions et Belles-Lettres s'était déjà, et à diverses reprises, occupée de ces questions : elle s'est empressée d'adresser au ministre un rapport concluant à la continuation des travaux de déblaiement du temple de Sérapis et à la reprise immédiate des fouilles entreprises sur le sol de l'ancienne Ninive. L'Académie des Inscriptions et Belles-Lettres voulait plus encore. Envisageant la question du point de vue le plus élevé, elle exprimait le vœu que les fouilles ne fussent pas limitées aux environs de Ninive, mais que le cercle des recherches fût considérablement étendu, et que les ruines babyloniennes et médiques fussent explorées et fouillées comme les ruines persanes et assyriennes. Elle indiquait la meilleure direction à donner à ces recherches, et les localités qui devaient être étudiées de préférence. Babylone tant de fois visitée, mais dont les collines de briques crues délitées, indiquant d'immenses édifices, n'ont jamais été fouillées jusqu'au tuf ; Ecbatane, aujourd'hui Hamadan, la capitale des Mèdes, la ville aux sept enceintes peintes de sept couleurs différentes, et dont la plus centrale, renfermant le palais du roi, qui n'avait pas moins de sept stades de tour, était dorée, devaient appeler d'abord l'attention des archéologues chargés de continuer les recherches commencées en Perse et en Assyrie. L'Académie demandait que cette fois l'exploration fût sérieuse, et que les fouilles fussent poussées jusqu'aux substructions de ces grands édifices, et constatassent d'une manière définitive ce qui peut subsister encore. Quand à l'exemple de Ninive, ces antiques cités nous auraient dit leur secret, il resterait encore à interroger les ruines de ces villes bibliques contemporaines des premiers âges du monde, dont les restes considérables, aujourd'hui sans nom, couvrent les régions les plus désertes et les plus désolées de la Chaldée et de la Mésopotamie. Les seules notions que l'on possède sur cette partie de l'Asie centrale et ces villes oubliées nous avaient été données par les explorateurs anglais, envoyés pour étudier le projet d'ouverture de la route commerciale de l'Euphrate. On était en droit d'attendre d'importants résultats d'une grande expédition scientifique qui consacrerait deux années à visiter l'Assyrie, la Chaldée, la Mésopotamie et la Médie. Une expédition de cette nature devait, il est vrai, entraîner une dépense de 70,000 francs environ. Cette somme, jointe à celle de 8,000 indiquée pour la reprise des fouilles de Ninive, n'avait rien d'excessif ; mais, comme l'administration ne s'était proposé dans le principe de ne consacrer à ces fouilles que quelques milliers de francs laissés libres sur le crédit des beaux-arts, on était certes loin de compte. Des frais aussi considérables ne pouvaient plus être couverts qu'au moyen d'un crédit extraordinaire. Les assemblées, comme on sait, ne se laissent aller que difficilement à ces dépenses, dont elles ne saisissent que très imparfaitement l'importance. Le ministre cependant crut pouvoir compter cette fois encore sur l'intelligence et le patriotisme de l'assemblée législative et il eut raison. Le crédit réclamé lui fut accordé sans marchander, et du même coup l'assemblée, en veine de généreuse inspiration, accorda, toujours sur la demande du ministre, un second crédit de 30,000 francs pour l'achèvement des fouilles du Sérapéum de Memphis et le transport des objets d'art qui pourraient y être retrouvés. C'est ici le moment de dire quelques mots de cette intéressante découverte.

On connaît l'histoire de ce dieu Sérapis, d'antique origine, quoi qu'on ait pu dire, mais que, sous les Ptolémées, un rêve ou un caprice royal remit en honneur. L'Égypte d'abord, puis la Grèce, Rome, l'Italie tout entière lui élevèrent des temples ; et, quand vint le déclin du paganisme et au moment de sa chute, Sérapis était une des divinités les plus vénérées. La nature hybride du dieu explique cette ferveur. Son culte était un de ces cultes complaisants qui se prêtent à toutes les adorations et qu'une religion en décadence accueille de préférence. Les temples consacrés à Sérapis participaient de l'espèce de banalité de ce dieu ; ils étaient appropriés à cette religion composite ; mi-partie grecque, mi-partie égyptienne ; ils renfermaient donc à la fois des monuments égyptiens et grecs, ou gréco-romains. Ces temples étaient nombreux. Il y en avait à Athènes, à Rome et dans toutes les provinces de l'empire. Le temple d'Athènes, construit dans le bas de la ville, a disparu [16]. On voit encore près de Pouzzoles, dans le golfe de Naples, les belles ruines d'un temple de Sérapis, dont les eaux de la mer lavent les marbres antiques, et dont les colonnes, restées debout, renferment à leurs bases des myriades de zoophytes. Le temple de Sérapis à Rome était construit sur le mont Aventin, près de la *Via Lata* et à peu de distance de l'emplacement occupé aujourd'hui par l'église de Saint-Étienne. C'est à cet endroit que la fable avait placé la grotte de Cacus. Le groupe du *Tibre* que nous possédons au musée du Louvre et le groupe du *Nil* du Vatican, deux des plus beaux morceaux que nous ait laissés l'antiquité, décoraient les deux fontaines qui embellissaient l'avenue de ce temple. Nous avons encore au Musée des antiques d'autres fragments provenant de ses ruines, entre autres le bas-relief égyptien encastré dans le piédestal de la statue en pierre fauve d'un prêtre égyptien à genoux et assis sur ses talons. Toutefois le plus fameux des temples de Sérapis était celui d'Alexandrie ; c'était le Sérapéum par excellence, celui dont Rufin nous a laissé la description. Ce temple avait été construit par Ptolémnée, fils de Lagus. La bibliothèque de ce temple jouissait d'une grande renommée et n'était cependant qu'une dépendance, la *fille*, comme on l'appelait, de la bibliothèque d'Alexandrie. Cléopâtre y avait déposé les deux cent mille volumes de la bibliothèque de Pergame, dont Antoine lui avait fait présent Ce temple de Sérapis fut détruit, en 391, par Théophile, patriarche de la ville, qui, avait obtenu de Théodose un édit autorisant la destruction de ces monuments du paganisme. Cette fois cependant la lutte fut vive. Les prêtres et les sectateurs de Sérapis, auxquels s'étaient joints quelques philosophes païens, défendirent le Serapeum à main armée. Théophile vainqueur le saccagea de fond en comble. Il paraît néanmoins que la bibliothèque fut épargnée ; elle ne fut détruite qu'en 642 par les Sarrasins, en même temps que la bibliothèque *mère*.

Le temple découvert récemment par M. Mariette n'avait ni la même célébrité, ni sans doute la même importance que le Sérapéum d'Alexandrie ; il jouissait néanmoins d'une certaine renommée, et Pausanias le mentionne comme étant le plus ancien des temples du dieu Sérapis, tandis que celui d'Athènes était le plus nouveau. Le Sérapéum de Memphis avait en outre un autre titre à la vénération des Égyptiens. Le bœuf Apis était inhumé dans son enceinte, ce qui pourra être pour M. Mariette l'occasion de curieuses découvertes, et le nilomètre destiné à suivre les progrès de l'inondation du Nil y était déposé. Il paraîtrait du reste, par les fouilles opérées jusqu'à ce jour, que ce monument était extrêmement remarquable et orné d'un grand nombre de statues grecques ou égyptiennes, ou participant des deux arts.

Le passage suivant d'un rapport de M. de Rougé, conservateur du Musée égyptien, peut nous donner une idée de la nature des découvertes de M. Mariette. « La religion dans les autres temples de l'Égypte était restée, à l'époque des Ptolémées, purement grecque ou purement égyptienne. Les deux races avaient au contraire adopté simultanément le nouveau type d'Osiris-Apis, devenu Sérapis, ce qui fait que le même temple de Sérapis renferme des monuments dans le style grec et dans le style égyptien. Parmi les morceaux de style grec, on doit signaler, comme des objets hors ligne par leur rareté, les génies divins montés sur des animaux symboliques, qui ne sont en général connus jusqu'ici que par des figures d'une petite dimension on ne saurait trop désirer que l'hémicycle où ces grands génies ont été trouvés soit fouillé en entier, ce qui sans doute permettrait d'en compléter la collection. Les douze statues grecques, autant qu'on peut en juger sur les dessins de M. Mariette, présentent une véritable valeur comme objets d'art, sans toutefois annoncer des chefs-d'œuvre… Quant aux objets d'art appartenant au style égyptien, ils présentent très souvent, à ces dernières époques, le caractère d'un travail lourd et grossier et tous les signes d'une grande décadence : cette portion demandera donc un triage sévère. M. Mariette, homme de goût et de savoir, est parfaitement en état de faire cette distinction. Un choix de douze beaux sphinx, les mieux conservés parmi ceux qui composent la grande avenue explorée par M. Mariette, donnerait certainement une physionomie unique en Europe à une grande salle de monuments égyptiens. On peut également émettre une opinion assurée sur les deux lions découverts par M. Mariette. Les

I. La Rome souterraine, l'Expédition de Mésopotamie et le Sérapéum

deux lions de Nectanebo, au musée du Vatican, chefs-d'œuvre qui ont été cent fois reproduits en bronze, sont les pendants exacts du couple trouvé à Memphis, et proviennent de l'autre extrémité de la même enceinte. M. Mariette a également parlé d'une superbe stèle en basalte et de quelques morceaux d'un petit volume, dont il faut, sans hésitation, demander le transport : il ne faut pas oublier que cet archéologue si zélé n'est encore parvenu qu'au seuil de la grande enceinte, et que les agents anglais n'attendent que son départ pour s'emparer de sa découverte ; et pour exploiter, une fois de plus, les mines nouvelles ouvertes par l'activité du génie français. Il serait donc à désirer que la somme que le gouvernement pourra consacrer à cet objet fût employée à pousser les fouilles jusqu'au sanctuaire principal, où se trouvent, sans aucun doute, les morceaux les plus importants. La figure d'Apis, déjà rencontrée, ne peut être le dieu principal par la position même où elle a été rencontrée ; on en trouvera certainement plusieurs autres : L'épais linceul de sable qui les recouvre donne lieu d'espérer une parfaite conservation, du moins quant aux injures du temps. Le temple et tout ce qu'il renferme ne portera : que les traces inévitables des révolutions religieuses. M. Mariette n'a encore tenté, dans cette grande enceinte, que quelques sondages, et à chaque fois il est tombé sur un objet important ; outre le sanctuaire, tout le terrain sacré doit être parsemé de statues, bas-reliefs, stèles et animaux symboliques. »

Nous devons ajouter que, depuis le rapport de M. de Rougé, M. Mariette a, sinon complété, du moins singulièrement accru ses précieuses découvertes. Dans un de ses sondages, il a rencontré, dans une des salles du temple, une quantité considérable de figures en bronze, dont quelques-unes ont l'importance de statues, et une stèle funéraire d'un Ptolémée. Ses dernières nouvelles ne portent pas à moins de quatre à cinq cents les simulacres de bronze ainsi découverts, et qui se trouvaient comme emmagasinés dans un des réduits du temple. Pour que ce monument soit demeuré dans l'état de conservation qu'il présente, et décoré, comme on voit, de toutes ses statues, on serait porté à supposer qu'il a dû être subitement enseveli sous les sables, il y a dix-huit à dix-neuf siècles, par quelque grande tempête du simoun. Il paraît cependant que l'envahissement a été lent et graduel. Strabon rapporte en effet que, lors de sa visite à ce temple, il vit des sphinx enterrés, les uns à moitié, les autres jusqu'à la tête ; il ajoute cependant qu'on peut conjecturer d'après cela que la route vers ce temple ne serait pas sans danger, si l'on était surpris par un coup de vent [17].

Quoi qu'il en soit, la découverte de M. Mariette est un véritable événement archéologique. Nous ne doutons pas que cet habile et intelligent explorateur n'en tire tout le parti possible, et qu'au moyen de l'allocation de 30,000 francs obtenue dans la séance de l'assemblée législative du 8 août dernier, il n'enrichisse nos collections d'un grand nombre de curieux spécimens de l'art à l'époque des Ptolémées. Cette séance aura été heureuse pour les arts. Non-seulement l'assemblée a voté les crédits demandés pour le déblaiement du Sérapéum de Memphis, la continuation des fouilles de Ninive et l'expédition scientifique dans l'Asie centrale ; elle s'est empressée d'allouer un quatrième crédit de 24,000 francs pour l'acquisition de deux tableaux de Géricault : *le Cuirassier* et *le Chasseur de la Garde*. Lors de la vente des objets d'art provenant de la liquidation du roi Louis-Philippe, M. le ministre de l'intérieur désirant conserver à la France ces morceaux remarquables d'un de nos maîtres les plus populaires, n'avait pas craint, en présence du crédit des musées absorbé presque totalement par d'autres dépenses, de se porter acquéreur et d'engager sa responsabilité ; l'assemblée a couvert d'un vote approbateur cette louable irrégularité. Il est à regretter que, par suite d'un fâcheux malentendu, elle ait refusé ce même jour un crédit de 19,000 francs qu'on lui demandait pour le rachat de vingt-sept tableaux de notre grand peintre de marine, M. Gudin. Ces tableaux avaient été exécutés pour le musée de Versailles, et devaient compléter la collection historique de la galerie maritime. L'un d'eux, le *Jean Bart forçant le passage de la flotte anglaise devant Dunkerque*, est un chef-d'œuvre, et valait la moitié de la somme demandée. On a établi de spécieuses distinctions entre les artistes vivants et les artistes morts, et les vivants ont eu tort une fois de plus.

Nous n'aimons que la gloire absente,
La mémoire est reconnaissante,
Les yeux sont ingrats et jaloux !

Nous ne voulons pas qu'on nous reproche cette même indifférence pour les vivants : si nous applaudissons à cette sorte d'exhumation

I. La Rome souterraine, l'Expédition de Mésopotamie et le Sérapéum

du passé que nous venons de constater, c'est surtout parce qu'elle se fait au profit de ces vivants qu'on affecte de dédaigner. La grande publication de M. Perret, les précieuses découvertes de M. Mariette et les travaux complémentaires de ces savants explorateurs qui vont arracher au mystérieux Orient ses derniers secrets, ne peuvent manquer d'étendre singulièrement le champ de l'étude et d'ouvrir à nos artistes des perspectives inattendues. Grace à l'active et féconde impulsion imprimée à ces travaux, bien des lacunes vont être comblées, bien des points douteux dans l'histoire de l'art seront éclaircis. Cette histoire pourra être reprise à ses origines et suivie sans interruption jusqu'aux temps modernes. Nous avons déjà vu comment les monuments recueillis par M. Perret dans les catacombes romaines rattachaient l'art antique à l'art moderne, et quels enseignements inappréciables ils allaient offrir à nos peintres religieux. La découverte de M. Mariette nous révélera une transition analogue entre l'art égyptien et l'art grec, et cette fusion de deux arts et de deux religions qu'on avait théoriquement reconnue, mais qu'on n'avait pu saisir encore sur place dans un monument existant et complet. Enfin c'est aux sources même de l'art que vont nous faire remonter les travaux de l'expédition asiatique. Les sculptures, assyriennes découvertes à Khorsabad, à Nimbroud, Koyoundjek, celles recueillies en Chypre et dans la Grèce même [18], nous donnaient déjà les plus précieuses indications sur la marche que les arts ont suivie. Descendus avec les premiers peuples des contrées de la Haute-Asie, ils se sont fixés et développés comme eux dans ces vastes plaines du Sennaar, où vécurent les patriarches, et c'est à travers l'Asie occidentale, et par l'Égypte et les îles, qu'ils ont gagné le coin du monde qu'on appelle la Grèce ou rencontrant le plus intelligent de tous les peuples, ils ont atteint un rare degré de perfection et brillé d'un éclat incomparable. C'est ce mouvement qu'il s'agit de constater d'une façon définitive, et les monuments seuls peuvent lever les dernières incertitudes. Dans quelques semaines, de courageux missionnaires de l'art vont être à l'œuvre : Babylone et Ninine n'auront plus de mystères pour eux, et qui peut prévoir les surprises nouvelles que leur ménagent ces plaines de la Mésopotamie, qui naguère nous ont révélé tout un art, et le vieux sol de la Chaldée ? C'est là qu'apparurent les premières villes que l'homme ait fondées : Babylone, Achad, Resen, Chalé,

Nachor, Ur, la ville d'Abraham. Quel intérêt offriront à leurs recherches les ruines de ces cités contemporaines des premiers âges du monde ! Déjà un coin du voile a été soulevé. On nous assure que, dans ses dernières excursions, M. Layard a trouvé à Ur de grands sarcophages en terre cuite d'un travail tout primitif, et dans lesquels ont peut-être reposé les ossements des patriarches : c'est aux explorateurs français que revient l'honneur d'avoir préparé ces découvertes ; c'est à eux aussi, nous l'espérons, qu'appartiendra la gloire de les compléter.

Notes

1.   Il n'est pas nécessaire d'avoir fait une étude approfondie des catacombes, mais il suffit d'une promenade dans ces souterrains et d'un examen fort superficiel de la situation relative de chacun d'eux pour reconnaître qu'il ne faut pas prendre rigoureusement à la lettre la tradition qui les représente comme les refuges des premiers chrétiens au moment des persécutions. J'ignore absolument la façon de procéder de la police romaine sous Néron ou Dioclétien, mais son action eût été nulle, si en quelques heures de temps elle n'eût pas découvert ce refuge de toute une secte, c'est-à-dire d'une population de plusieurs milliers d'hommes. Il est probable que quelques-unes de ces anciennes carrières ou arénaires, situées sous la propriété de grands personnages convertis secrètement au nouveau culte, ont pu servir dans l'occasion de refuge à leurs amis persécutés et à ceux de leurs compagnons que la perspective du martyre effrayait. La plupart des catacombes ont encore conservé les noms de leurs anciens possesseurs : telles sont les catacombes de Saint-Saturnin et de Saint-Thrason, près de la porte Salara, celles Saint-Calixte, etc. ; mais si les catacombes ne servirent pas de refuge à la secte entière, elles servirent certainement de sépulture aux martyrs.

2.   Voyez Séroux d'Agincourt, t. I, p. 22.

3.   M. Vitet, Rapport sur la publication de Rome souterraine, page 10.

4.   Baruch, VI, 81. La Bible fait connaître le nom du dieu des Ninivites : ils s'appelait Nesroch.

I. La Rome souterraine, l'Expédition de Mésopotamie et le Sérapéum

5.   M. Flandin a décrit ici même les admirables monuments reproduits par son crayon. Voyez les livraisons du 15 juin et du 1er juillet 1845.

6.   Lettre au directeur de l'Athenœum en date du 19 août 1851.

7.   Le palais de Nimbroud, qui renferme, comme nous venons de le voir, les sculptures les plus précieuses, aurait appartenu à un prince de la dynastie antérieure, Sardanapale Ier.

8.   Le palais de Khorsabad s'appela Sarghun jusqu'à la conquête arabe. La ville de Sar'oûn, du district de Ninioua, dont Yacouti fait mention dans son dictionnaire géographique, dit Mou'djem-el-Bouldan, et qu'il représente comme ruinée et cachant sous ses décombres d'anciens trésors, n'est autre sans doute que le palais de Sarghun

9.   Les Rois, XVIII, 10-11.

10.   M. Botta avait commencé par fouiller le Koyoundjek, et n'avait rencontré que des fragments insignifiants. I. Layard, plus persistant, a été plus heureux.

11.   Les Rois, XX, 35-37.

12.   Justifiant ces paroles que la Bible met dans la bouche de son lieutenant Rabsacès : « Est-ce que vous espérez dans l'Égypte, ce roseau brisé ? Si un homme veut s'y appuyer, ses morceaux lui entreront dans la main et la perceront. Tel est maintenant Pharaon pour tous ceux qui se confient en lui. » (Les Rois, XIX, 22.) Sargon aurait fait, comme Sennachérib, la guerre aux Égyptiens et aux Éthiopiens. Un bas-relief de Khorsabad, représentant deux cavaliers terrassant des guerriers aux cheveux crépus, au nez épaté et sans barbe, en un mot des nègres parfaitement caractérisés, ne laisse aucun doute à ce sujet. (Monuments de Ninive, t. II, pl. 88.)

13.   Les Rois, XIX, 13-14-15-16.

14.   Livre II, chap. 141.

15.   Pausanias, t. Ier, chap. XVIII, p. 116.

16.   Pausanias, t. Ier, chap. XVIII.

17.   Strabon, liv. XVII, p. 807.

18.   L'image du roi Sargon, qui avait construit le palais de Khorsabad, trouvée en Chypre ; le bas-relief du guerrier Aristion,

sculpté par Aristoclès, trouvé à Marathon, et qui a tout l'aspect d'un bas-relief assyrien.

II. Les Arts en France depuis le Salon

LA PEINTURE ET LA SCULPTURE MONUMENTALES.

Si grandes qu'aient été les agitations de ces dernières années, le domaine des arts n'en a que faiblement ressenti les atteintes. Les troubles de la place publique ne paraissent pas avoir franchi le seuil des ateliers. Tandis que le monde s'agite, les artistes produisent et multiplient les œuvres avec cette insouciante fécondité qui, de tout temps les a caractérisés. Les trois dernières expositions, les plus nombreuses qui aient jamais eu lieu, ont déjà témoigné de cette singulière activité. Si ces efforts ne sont pas toujours heureux, ils annoncent néanmoins un surcroît d'énergie dont on doit tenir compte, et qui, mieux dirigé, produirait sans doute d'excellents résultats.

Nous aussi, nous sommes partisans de la liberté dans les arts, mais de la liberté réglée par la raison, fécondée par l'étude, et nous doutons fort que cette franchise illimitée, conquise il y a tantôt vingt années, ait beaucoup profité aux artistes et à l'art. La discipline de l'école avait du moins pour résultat de concentrer les forces et de les mener à maturité ; on ne se croyait pas artiste parce qu'on avait fait l'emplette, d'une palette et d'un pinceau : il fallait avoir fait preuve réelle de talent dans de nombreux concours et pris le pas sur ses camarades de l'atelier, en un mot il fallait savoir son métier, pour tenter la périlleuse épreuve du Salon et affronter le jugement du public. C'est ainsi que se sont formés la plupart des artistes qui se sont illustrés dans ces trente dernières années, à commencer par MM. Ingres, Paul Delaroche et Eugène Delacroix. Avant de devenir des maîtres et de se placer, chacun dans son genre, à la tête de l'école, ils ont consenti à être élèves. La génération qui les suit a imité leur exemple, et, comme eux, elle a étudié pour apprendre. Quant à la spontanéité du talent, elle est d'origine toute récente ; elle procède en ligne directe de la franchise illimitée de l'art, et nous paraît la conquête la moins contestable de notre époque de perfectibilité. On devient artiste comme on devient poète, comme on devient homme d'état, par une sorte d'intuition secrète et de subite révélation. Que de jeunes gens, après avoir suivi pendant quelques mois les cours de l'École des Beaux-Arts ou après avoir fait une apparition dans l'atelier du naître à la mode, finissent par se croire dessinateurs, parce qu'ils peuvent mettre une figure ensemble, et par se persuader qu'ils sont peintres, parce qu'ils sont arrivés à couvrir plus ou moins fantastiquement des nuances les plus hétérogènes une toile de quelques pieds carrés ! Ils revêtent un à-peu-près de forme d'un à-peu-près de coloris, et ils envoient au salon ce beau chef-d'œuvre, qu'ils appellent *un tableau* ! Soit pitié, soit fatigue, soit faiblesse de la part du jury, qui se trouve débordé par cette invasion compacte du médiocre, le prétendu tableau est admis, et voilà un peintre de plus, un exposant ! De là ces milliers d'œuvres sans nom qui garnissent les murailles des salles de l'exposition. Ces éducations incomplètes et ces fausses vocations font le désespoir d'honnêtes familles ; elles perdent de malheureux jeunes gens qu'elles condamnent aux labeurs les plus ingrats, à l'existence la plus précaire ; elles perdraient l'art par l'abus qu'elles font de ses procédés, par le dégoût qu'elles inspirent pour ses productions en les vulgarisant, si l'art était moins robuste et qu'il pût être perdu.

Sans vouloir prêcher un retour absolu aux anciennes disciplines et aux traditions académiques, nous croyons qu'il y a nécessité d'insister sur une réforme prompte et radicale dans les études, et particulièrement dans ce qu'on pourrait appeler l'instruction secondaire. De même qu'on n'est ni poète ni écrivain parce qu'on sait lire et écrire, on n'est pas peintre parce qu'on sait faire emploi du crayon et de la couleur. On ne le devient qu'à la charge de remplir certaines obligations essentielles et pratiques, et de se livrer à des études consciencieuses et toujours pénibles, à la condition surtout de montrer plus de respect pour le publie et plus de souci de sa dignité propre.

Un critique d'une parfaite bonne foi, et dont l'expérience ne peut être contestée, M. Delécluze, dans le préambule du volume qu'il a publié sur la dernière exposition, a établi une ingénieuse statistique des expositions de peinture à partir de 1673, époque de la première exposition publique des couvres des artistes académiciens, jusqu'au Salon de 1851. Les résultats auxquels il est arrivé, s'ils étaient rigoureusement exacts, prouveraient peu en faveur du progrès. En 1673, cinquante artistes exposèrent cinq cent vingt morceaux ;

sous l'empire, cinq cent trente-trois exposants envoyèrent treize cent vingt-neuf ouvrages de peinture et de sculpture au Salon de 1810. Or, M. Delécluze prouve d'une manière assez péremptoire que, si de 1673 à 1810 le nombre des artistes exposants a varié de cinquante à cinq cent vingt-trois, le nombre des artistes appartenant à chacune de ces deux époques qui sont restés célèbres n'a peut-être pas varié de deux unités. Ce premier résultat nous paraît d'autant moins contestable, que parmi les *célébrités* de 1810 m M. Lelécluze comprend des hommes d'un mérite fort secondaire et qui ne nous paraissent pas devoir fournir une très longue traite dans leur route vers la postérité. De 1810 à 1850, le nombre des artistes exposants a presque triplé ; M. Delécluze paraît croire néanmoins que celui des artistes d'un vrai mérite dépasserait peu la moyenne de 21, qu'il a trouvée en 1810 comme en 1673. Quelque nombreux que soient les producteurs, quelque multipliées que soient leurs œuvres, le nombre des hommes éminents qui possèdent le véritable génie de leur art resterait donc toujours le même pour chaque génération.

Sans nous inscrire en faux d'une manière absolue contre cette conclusion bizarre, nous croyons cependant qu'on peut en contester la rigoureuse exactitude. Les arts du dessin se sont sans aucun doute singulièrement vulgarisés, et le nombre des hommes qui les cultivent sans vocation et sans étude s'est accru dans une déplorable proportion. Néanmoins, depuis 1810, époque à laquelle M. Delécluze a dû forcément prendre son dernier terme de comparaison, — et encore sommes-nous bien la postérité pour les hommes de 1810 ? — nous devons reconnaître qu'une grande et complète révolution s'est accomplie dans le domaine des arts. Cette révolution s'est faite, comme toujours, au cri de *liberté* ; auquel on a bizarrement accolé le mot de *réalité* ; elle a dû provoquer bien des écarts, bien des folies, et nous venons tout à l'heure de signaler une de ses plus fâcheuses conséquences : toujours est-il néanmoins que beaucoup d'hommes de talent ont su se dégager de certaines routines sans s'affranchir des règles, et que beaucoup d'autres, parmi les paysagistes surtout et les peintres de genre, sont revenus à une interprétation de la nature plus rigoureuse et plus intelligente. L'analogue de ce qui s'est passé à Venise et dans les Flandres doit donc se retrouver aujourd'hui chez nous. Que de peintres renommés et dont les ouvrages ont conservé une valeur inestimable, les Flandres n'ont-elles pas produits ! C'est un art moins élevé, sans doute, que l'art romain, florentin ou lombard ; c'est cependant un art complet, et dont les productions, pour être moins relevées et plus modestes, n'en ont pas moins leur prix et leur charme. La nature nous offre des analogies semblables : la violette et le myosotis ont leur couleur et leur parfum comme le magnolia et la rose.

Nous croyons donc que, si le niveau de l'art a baissé sous certains rapports, le nombre des gens de talent, d'un vrai talent, et par là nous entendons ceux dont les productions auront une valeur durable, s'est accru dans une notable proportion. C'est là même un des caractères de notre époque, et dont nous devons peut-être autant nous attrister que nous réjouir, car cette dissémination des talents, dans les arts comme dans les lettres, est presque toujours un présage de décadence. Aussi croyons-nous que les efforts de la critique, comme les encouragements de l'état, doivent s'attacher aujourd'hui à restreindre cette production exagérée et tendre moins au développement qu'à la concentration des talents. C'est dans ce sens que les efforts les plus énergiques doivent être dirigés. L'administration, nous ne le savons que trop, n'a rien négligé, dans ces dernières années, pour arriver à ce résultat ; elle y tend au milieu de difficultés énormes et à travers mille obstacles suscités souvent par ceux-là même qui devraient les aplanir ; elle doit et veut atteindre à ce but, et elle y atteindra. En attendant que ses sages efforts portent fruit, les inconvénients d'une production inconsidérée, de l'absence de toute discipline et de toute règle, se manifestent de plus en plus clairement, et c'est surtout aux expositions annuelles qu'on les voit se produire. Le mal semble là d'autant plus grand, qu'il apparaît sans atténuation et sans remède. Ce remède, les maîtres seuls pourraient l'offrir en se mêlant à la lutte et en consentant à placer sous les yeux de la foule ces morceaux d'élite qu'ils réservent à l'admiration complaisante d'un public restreint. Nous savons que plusieurs artistes éminents mettent un point d'honneur à tenter la rude épreuve du Salon, et nous leur savons un gré infini de cette louable condescendance ; mais le nombre de ceux qui se retirent du combat est beaucoup trop considérable, et, par suite de ce fâcheux système d'abstention, que nous ne pouvons trop hautement déplorer, le mal fait chaque jour de nouveaux progrès. Ce remède, ou plutôt ce correctif, que nous ne rencontrons pas assez complètement dans les expositions annuelles, il appartient à la critique de le chercher, de le signaler partout où il existe, en dehors des expositions, dans les ateliers des artistes chargés de travaux affectés à certaines destinations spéciales, et au besoin dans les monuments mêmes dont la décoration leur est confiée. Il est bon aussi que le public soit mis à même d'apprécier les efforts que l'on a tentés récemment pour rallier les forces éparses et donner à l'art une direction à la fois plus sérieuse et plus digne.

C'est sous ce nouvel aspect que le mouvement des arts nous paraît vraiment utile à étudier ; c'est sur les grands travaux de la peinture et de la sculpture monumentale qu'il convient de détourner un peu de cette attention, que se disputent chaque année tant de productions frivoles.

I

Autrefois on demandait une pensée à une œuvre ; on voulait qu'elle eût une signification. Aujourd'hui, sous prétexte de porter l'art à sa dernière puissance et de lui donner tous les développements qu'il comporte, on a écarté la pensée, qu'on n'a plus considérée que comme un accessoire insignifiant. Les moyens sont devenus le but. L'art pour l'art ! tel a été le mot d'ordre qui a présidé aux dernières évolutions de l'école. La théorie de l'art pour l'art conduit rapidement au matérialisme et à l'imitation littérale, qui n'est qu'un des éléments de l'art et qui ne doit pas en être le principe. Le peintre, comme le poète, a dans les mains un des rayons du feu créateur ; or, reproduire, ce n'est pas créer ; faire briller ce rayon de toute la splendeur possible, ce n'est pas s'en servir pour féconder. L'art doit dédaigner ce rôle secondaire ; il doit s'attacher à reconquérir une partie de ce terrain que la littérature a envahie et revendiquer cette part d'influence que, dans, les sociétés antiques, au moyen-âge, à l'époque de la renaissance, et même au commencement du siècle actuel, il a si noblement exercée. Ce n'est pas assez de se montrer, fût-ce même dans la plus riche parure : il doit parler, on l'écoutera.

Si, à cet égard, quelque doute pouvait exister, nous citerions l'effet produit au dernier Salon par une composition des plus simples et des moins ambitieuses, mais qui révélait une pensée juste et un sentiment exquis de la nature : nous voulons parler du tableau de *la Malaria*, de M. Hébert. *Les Exilés de Tibère*, de M. Barrias ; la *Cléopâtre*, de M. Gigoux ; *l'Incendie*, de M. Antigna ; *la Sœur de Charité*, de M. Pils ; la *Frise* et les *Néréides*, de M. Gendron ; *la Jeune Malade*, de M. Jobbé-Duval ; la *Sainte Véronique*, de M. Landelle ; *le Gué*, de M. Decamps ; *le Dimanche* et *l'Amateur de dessins*, de M. Meissonier ; *la Forêt*, de M. Bodmer, qui ont partagé avec le tableau de M. Hébert les honneurs du Salon de 1851, ont dû à la pensée la meilleure partie de leur succès. Il va sans dire qu'un artiste doit savoir tous les rudiments de son métier. Il peut, s'il le veut, faire étalage des puissantes et magnifiques ressources que la palette a pu lui offrir, ou plutôt qu'il a su y trouver ; mais avant tout il doit penser, et appliquer ces moyens nouveaux à rendre sa pensée vivante et palpable.

Ces observations s'appliquent à tous les genres et à chaque ordre de compositions et de sujets. Est-ce au dessin seul et à ce respect religieux de la forme qu'il s'est imposé que M. Ingres doit la haute position qu'il occupe à la tête de l'école française ? N'est-il pas avant tout, un penseur des plus profonds et des plus ingénieux. S'il pouvait à ce sujet vous rester un doute, étudiez son plafond d'Homère, ou la moins importante de ses compositions, *l'Arétin chez le Tintoret* par exemple, M. Paul Delaroche, qui se maintient, après M. Ingres, à un rang si honorable, ne doit-il pas à la pensée la meilleure partie de ses succès, et à la pensée présentée de la manière la plus saisissante, c'est-à-dire sous une forme dramatique ? Son œuvre la plus récente, le beau tableau de *la Reine Marie-Antoinette devant le tribunal révolutionnaire*, que nous avons eu occasion d'apprécier ici même [1], emprunte encore à la pensée sa plus incontestable valeur. M. Eugène Delacroix, si prodigieux coloriste, mais si dédaigneux de la forme, que serait-il sans la pensée ? M. Picot, le peintre de *Psyché* ; M. Schnetz, l'auteur de *Sixte-Quint enfant* et du *Voeu à la Madone* ; M. Couderc, le peintre du *Lévite d'Éphraïm* ; M. Court, l'historien de *la Mort de César* ; M. Robert Fleury, l'auteur de tant de compositions énergiques, qui naguère nous a fait assister aux *Derniers moments de Jane Shore*, et qui aujourd'hui achève *la Mort de Montaigne* ; M. Scheffer, le peintre de *Saint Augustin* et de *Sainte Monique* ; M. Gleyre, qui a su reproduire *le Soir* d'une manière si poétique ; M. Ziégler, qui trouva un jour cette heureuse figure de *Giotto enfant dans l'atelier de Cimabué*, enfin tous ces artistes qui jouissent d'une réputation méritée, MM. Léon Cogniet, Flandrin, Lehmann, Mottez, Amaury Duval, Couture, Corot, Chassériau, et tant d'autres qui se sont fait remarquer à divers titres, n'est-ce pas à la pensée, et souvent à une pensée unique heureusement exprimée, qu'ils doivent leur renommée présente et leurs succès ?

Celui de nos artistes dont le talent, aujourd'hui dans tout son éclat et toute sa force, jouit de la popularité da plus étendue, et qui, depuis plus de quarante années [2], a su capter les suffrages du public, ne doit, lui aussi, cette haute faveur qu'à la conception vive et intelligente qui caractérise son talent et à l'application ingénieuse d'une pensée unique. M. Horace Vernet, témoin des prodiges que l'esprit militaire si propre à notre nation avait enfantés, s'est fait le chroniqueur de nos armées. Il a retracé avec un égal succès l'escarmouche et la bataille ; il nous a montré le soldat, ses officiers, ses généraux dans toutes les attitudes, sous tous les aspects, et nous a fait comprendre tous les incidents de leur vie si glorieuse et si agitée. Cette donnée, spirituellement traduite dans ces étincelantes esquisses que la lithographie à sa naissance lui permettait de multiplier sans recourir à une main étrangère, avait déjà popularisé son nom à un âge où d'autres commencent à peine à tenir un crayon. Le développement de cette même idée a consolidé sa réputation et la rendra durable. M. Horace Vernet connaît sans aucun doute les moyens de son art, mais il ne s'est jamais bien sérieusement attaché à en approfondir les ressources. Il se sert de la palette comme un improvisateur de la langue, d'une manière facile et suffisante, sans effort, mais sans grand éclat. Nous doutons fort qu'il se soit jamais préoccupé de tel ou tel système d'empâtements ou de glacis, de telles ou telles combinaisons de nuances, qui absorbent toutes les méditations des adeptes de l'art pour l'art. M. Horace Vernet nous semble toujours plus occupé de ce qu'il va dire que de la manière dont il le dira, et, comme ce qu'il dit est toujours intéressant, le succès ne lui fait jamais défaut.

Dans le tableau de *la Prise de Rome*, une des trois grandes compositions que cet artiste exécute en ce moment pour le musée de Versailles, nous le retrouvons tel que nous le connaissons. M.

Horace Vernet a représenté le fait historique dans toute sa nudité, et cependant son tableau est un des plus dramatiques qu'il ait produits ; mais aussi le sujet de ce drame est la prise de Rome, et le lieu de la scène, ce bastion n° 8 si longtemps, si vivement disputé. Du point où l'artiste s'est placé, l'œil embrasse la campagne romaine arrosée par le Tibre et dominée à l'horizon par le Monte-Cavo. Une lueur livide est répandue sur tout le tableau. Ce n'est plus la nuit, ce n'est pas encore le jour ; c'est la morne clarté du matin. Cette première heure du jour que les hommes ont si souvent choisie pour s'entr'égorger est indiquée avec autant de bonheur que le formidable crépuscule de la soirée de Montmirail. Au fond du tableau, vers la droite, on aperçoit la brèche déjà praticable, vivement attaquée et vivement défendue. C'est là que le brave commandant du génie Galbaud-Durfort vient d'être frappé. L'ennemi dirige vers ce point plusieurs pièces de l'artillerie qu'il tient en réserve, et s'apprête à foudroyer les Français dès qu'ils atteindront la crête de la brèche. Il est évident que les assiégeants ne pourront pénétrer de ce côté sans sacrifier bien des hommes. Aussi le général français, tout en continuant l'attaque de front, s'est-il décidé à chercher quelque autre point plus accessible. Une forte colonne, commandée par le chef de bataillon Laforest, s'est glissée, à la faveur d'un reste de nuit et cachée par un pli de terrain, jusque sous la batterie du bastion, dont les défenseurs n'étaient pas sur leurs gardes. Tout à coup la tête de colonne aperçoit la gueule des canons qui couronnent la batterie, et, sans laisser aux Romains le temps de se reconnaître, nos intrépides soldats se précipitent dans le bastion par les embrasures, faisant main-basse sur tout ce qu'ils rencontrent. C'est ce moment que le peintre a choisi. Nous sommes au centre du bastion que les Français envahissent de toutes parts. Les insurgés, voyant le jour poindre et croyant l'assaut ajourné, se reposaient ou mangeaient. La terre est jonchée de leurs vêtements, de leurs armes et des débris du repas interrompu. Ici, on se fusille à bout portant ; là, on lutte corps à corps, on s'entretue, on s'égorge ; point de quartier. Partout le désordre, la fuite, la mort. Le peintre a réuni sur les premiers plans du tableau tons les incidents qui accompagnent une prise d'assaut. Chacun obéit à son tempérament ou à ses instincts. On sait que les bandes qui défendaient Rome se composaient d'individus de toutes les nations. Le peintre s'est attaché à bien caractériser dans ce moment suprême les impressions et la manière d'être de ces personnages, eu égard à la nationalité à laquelle appartient chacun d'eux, et peut-être a-t-il mis un peu de recherche dans cette étude. Les Italiens fuient on se précipitent en aveugles au-devant du danger ; les Allemands gardent leur calme accoutumé : l'un d'eux, jeune étudiant, à en juger par son costume, s'arrache difficilement à la méditation où l'avait plongé la lecture de son auteur favori. Les Français qui combattaient avec les Romains s'indignent et veulent haranguer leurs compatriotes vainqueurs ; ils pensent, au moyen de l'article 1er de la constitution affiché dans les batteries et qu'ils proclament à haute voix, conjurer les baïonnettes et les balles. Un d'eux, pâle de colère, a découvert sa poitrine ; il est à craindre que les assaillants ne voient en lui qu'un transfuge, et que la poitrine d'un Français ne soit frappée par une arme française. Une femme, une Romaine, s'est jetée au-devant des vainqueurs, les bras en avant et implorant leur pitié, non pas pour elle sans doute, mais pour un amant. Cette scène de confusion et de terreur est rendue avec tout le talent de M. Horace Vernet. Les épisodes sont saisissants et le mouvement du combat est très bien exprimé. Nous aurions voulu peut-être que ce désordre fût plus complet encore et sentît moins l'arrangement, surtout vers la gauche, à l'extrême premier plan du tableau. On peut souhaiter de ce côté plus de liaison entre les groupes, un peu de ce pêle-mêle sauvage de Salvator Rosa, de cette furie qui précipite l'un contre l'autre les deux premiers pelotons des combattants de *Montmirail* ; mais M. Vernet nous dira que des gens surpris et débandés ne combattent pas avec la même énergie que ceux qui s'attaquent de front et à forces égales, et il aura raison.

Quoi qu'il en soit, cette nouvelle et importante composition de M. Horace Vernet lui fait grand honneur. On peut lui appliquer le mot de Napoléon à propos de la bataille de Friedland : La dernière bataille de M. Horace Vernet *est digne de ses aînées*. Nous ne doutons pas que les deux morceaux qui doivent compléter ce dernier chapitre de notre histoire militaire, *l'Arrivée des Français à Civita-Vecchia* et la *Reddition de Rome*, ne soient, eux aussi, dignes de l'*Attaque du Bastion*. M. Horace Vernet ne peut déchoir.

M. Ingres, dont le talent s'est développé et a commencé à poindre à la suite de nos orages révolutionnaires, n'est pas un des fils du XVIIIe siècle. Sa jeunesse a été grave, et, jusque dans ses moindres compositions, il a prouvé qu'il savait prendre au sérieux les choses sérieuses. C'est un esprit méridional, vif, mais réfléchi, qui ne marchande ni avec les convictions, ni avec les sentiments. Une de ses plus grandes colères a toujours été causée par ce poème de *la Pucelle*, dont les prologues résumaient les croyances religieuses et morales de nos pères. M. Ingres a toujours rêvé une réhabilitation de la glorieuse fille de Vaucouleurs, plus maltraitée peut-être encore par les poètes qui l'ont prise au sérieux, à commencer par Chapelain, que par celui qui l'a tournée en dérision. La statuaire et la peinture ne lui avaient guère été plus favorables. Sauf les statues de la princesse Marie et de M. Feuchères, qui l'ont représentée, l'une sous les armes, l'autre sur le bûcher, et le tableau où M. Paul Delaroche nous l'a montrée aux prises avec ce hideux cardinal de Winchester, rien n'avait paru qui fût digne de la naïve et sublime libératrice du royaume de France. M. Ingres a entrepris de réhabiliter la jeune fille et la guerrière, et, à l'aide des moyens les plus simples, sans recourir à l'épopée comme lorsqu'il veut nous montrer *Napoléon ordonnant le passage du Rhin*, ni à la chronique ou au drame comme dans ses tableaux de l'*Entrée à Paris du Dauphin Charles V* ou de *Françoise de Rimini*, il s'est contenté d'un cadre restreint et d'une seule figure, celle de la guerrière. Il nous l'a représentée debout, dans son costume de bataille, appuyée sur l'oriflamme qu'elle tient de la main droite, la main gauche posée sur l'autel et assistant au sacre du roi Charles VII, qu'elle vient de conduire à Reims. Le peintre l'a dépouillée de son casque et de ses gantelets de fer, qui sont placés à terre et à ses pieds. Sa tête nue est couronnée d'une abondante chevelure ; sa figure a ce mâle embonpoint qui convient à la fille des champs ; l'étincelle morale brille dans ses yeux levés au ciel, auquel elle semble rapporter sa victoire. Cependant sa main appuyée si franchement sur l'autel, orné de fleurs de lys, et sur lequel la couronne royale et les vases du sacre sont placés, indique plus énergiquement que tout autre geste ou toute autre démonstration quel a été son concours dans ces glorieux événements, et à quel titre elle assiste à la royale cérémonie. L'expression de son visage n'a rien toutefois de la joie ou de l'enivrement du triomphe, et il y a de la tristesse dans son regard tourné vers le ciel : elle a accompli sa promesse, son rôle est achevé ; tout à l'heure, après la cérémonie, elle dira à l'archevêque de Reims : « Plût à Dieu mon créateur que je pusse maintenant partir, abandonnant les armes, et aller servir mon père et ma mère, en gardant leurs brebis avec ma sœur et mes frères qui moult se réjouiroient de me voir ! »

Ce tableau que M. Ingres vient d'entreprendre est destiné à la galerie du Luxembourg, pour lequel l'éminent artiste achève également une répétition modifiée du tableau de *la Vierge à l'hostie*, qui appartient au prince impérial de Russie. Dans ce dernier tableau, la Vierge, les mains jointes devant un autel, adore la divinité de son fils dans le calice et l'hostie, emblèmes de la rédemption du genre humain ; mais le saint Nicolas et le saint Alexandre, protecteurs de l'empire russe, sont remplacés sur le second plan du tableau par saint Denis et par sainte Geneviève, protecteurs de la France. Ces deux belles compositions, jointes aux tableaux de *Roger et Angélique* et des *Clés de saint Pierre*, déjà placés au Luxembourg, et au plafond de l'*Apothéose d'Homère* qu'on voit au Louvre, permettront un jour d'apprécier M. Ingres, sinon complètement, du moins sous les principaux aspects de son talent. Ajoutons que l'illustre maître achève encore en ce moment, pour la famille du roi Louis-Philippe, un tableau représentant *Jésus au milieu des docteurs*, qui lui avait été commandé par l'ancienne liste civile. Cette vaste composition, l'une des plus complètes et des plus travaillées que M. Ingres ait jamais exécutées, suffirait pour prouver qu'il a su se maintenir à sa hauteur, et que chez lui rien n'annonce le déclin. On peut juger de l'intérêt et de l'importance de ces derniers travaux par les dessins qui viennent d'en être donnés dans la collection des *Œuvres* de M. Ingres, gravées au trait par M. Réveil, et que M. Magimel, un de ses élèves de prédilection, vient d'éditer[3]. Ce précieux recueil, dont M. Ingres lui-même a surveillé la publication, ajoutant à quelques-uns des morceaux qu'il renferme d'heureux accessoires, de curieuses variantes, se compose de cent deux dessins, et nous permet d'embrasser d'un seul coup d'œil cette existence d'artiste si bien remplie, et qui comprend plus d'un demi-siècle. M. Ingres a dû lutter contre plus d'un obstacle et s'est vu longtemps méconnu. Rien n'a pu le détourner de la ligne qu'il s'était tracée et qu'il savait être la bonne, ni les conseils timides de l'amitié, ni les emportements de la critique, ni les séductions du monde. Il nous montre aujourd'hui ce que peuvent le talent et la volonté réunis, et à quelle hauteur peut s'élever l'homme qui a la conscience de sa force et le sentiment juste et profond du vrai et du beau.

M. Ingres laissera dans l'histoire de l'art français une trace durable et profonde. Son influence aura été d'autant plus réelle, qu'il ne l'aura pas seulement exercée comme artiste, mais à titre d'homme qui se respecte, qui respecte le public et qui sait allier l'élévation du caractère à la puissance du talent. Beaucoup de ses élèves occupent aujourd'hui un rang distingué dans l'école, et l'un d'eux, M. Hippolyte Flandrin, peut être rangé dès à présent au nombre des maîtres. Tout en se rappelant un illustre enseignement, il a su s'ouvrir une voie originale. D'autres, comme MM. Amaury Duval, Tyr et Comairas, se sont montrés, avant tout, fervents imitateurs, et n'ont pu briser encore cette lisière qui retient l'élève au maître, et dont, pour être maître soi-même, il faut savoir s'affranchir. Il en est quelques-uns, au contraire, qui semblent avoir à cœur de faire oublier qu'ils procèdent de l'école de M. Ingres, et ceux-ci, pour faire preuve d'indépendance, se livrent à des écarts qui doivent souvent le contrister.

Nous hésitons à ranger au nombre de ces derniers M. Gérôme, que nous nous plaisons encore à regarder comme une des plus brillantes espérances de l'école, et cependant, il faut bien le reconnaître, déjà au dernier Salon, les tableaux qu'il avait exposés, et particulièrement *l'Intérieur grec* et le *Souvenir d'Italie*, accusaient une certaine tendance à l'affectation et un dédain du naturel qui pouvaient faire concevoir de sérieuses inquiétudes. Depuis et tout récemment, M. Gérôme a terminé les peintures qui complètent la décoration de l'ancienne chapelle du Conservatoire des Arts et Métiers, restaurée et transformée en bibliothèque par l'habile architecte M. Vaudoyer. Ces peintures comprennent deux grands médaillons où sont figurés à mi-corps *l'Art* et *la Science*, et au-dessous de ces figures de proportions colossales, quatre compartiments de forme oblongue et ogivale, dans chacun desquels l'artiste a placé une figure allégorique avec attributs s'enlevant sur un fond bleu à gaufrures d'or. Ces quatre figures en pied représentent *la Forme, la Couleur, la Physique et la Chimie*. On retrouve certainement dans ces peintures le talent de l'auteur du *Combat de Coqs* et d'*Anacréon*, et cependant, soit que le jeune artiste ait été à l'étroit dans les compartiments qu'il devait remplir, soit que ces représentations abstraites et symboliques convinssent peu à la nature de son talent, correct et précis quant au mode d'exécution, mais qui incline vers la fantaisie et ne craint pas d'exagérer le mouvement pour atteindre à la grâce, toujours est-il que ces peintures laissent quelque chose à désirer. Ces critiques ne s'appliquent pas aux deux médaillons. Les figures de *l'Art* et de *la Science* nous paraissent réussies et ne manquent pas d'un certain caractère héroïque. Les quatre figures des compartiments, exécutées avec largeur et distinction, pèchent par certaines exagérations coquettes de mouvement, par des recherches de raccourcis que ne comporte pas ce système de décoration, mais surtout par l'absence de *style*, et par là nous entendons ce mélange de calme et de force qui convient à la peinture monumentale, particulièrement dans la représentation de figures isolées. On a reproché également à M. Gérôme la multiplicité des accessoires, qui brisent et tourmentent la ligne et amènent à distance un peu de confusion, et on a eu raison. À cela il y a remède ; il y en a peu aux autres imperfections que nous venons de signaler et qui résultent d'un manque d'expérience, dont M. Gérôme a du reste le temps de se corriger. Nous ne doutons pas que ce jeune artiste n'ait à cœur de prendre une autre fois dignement sa revanche.

Les deux caryatides de M. Robert, commandées, comme les peintures de M. Gérôme, par le ministère de l'intérieur et destinées à la décoration de la grande porte d'entrée du Conservatoire des Arts et Métiers, sont un travail fort remarquable, et qui fera honneur au statuaire. M. Robert a su, lui, se plier sans murmure aux convenances architecturales, et il a eu grandement raison. La sculpture et l'architecture ont toujours gagné à être bonnes sœurs ; plus elles sont d'accord, plus elles se font mutuellement valoir. Il paraît que cette heureuse entente s'établit beaucoup plus difficilement entre la peinture et l'architecture : nous en avons une preuve de plus dans la bibliothèque du Conservatoire des Arts et Métiers. On n'en doit pas moins reconnaître que l'ensemble de ces travaux du Conservatoire, et particulièrement la restauration de la chapelle, si heureusement transformée en bibliothèque, font honneur à M. Vaudoyer. Ils le placent au nombre de ces architectes érudits et ingénieux à la fois, qui ont appliqué si heureusement leurs talents à la conservation et à la restitution d'un passé qui, sans eux, allait disparaître. Cette restauration de la chapelle du Conservatoire des Arts et Métiers prendra place à côté des belles restaurations de la Sainte-Chapelle, de Notre-Dame et du Louvre.

À propos du Louvre, il est un détail de cette vaste restauration qui doit surtout nous occuper ici ; nous voulons parler des peintures qui complètent la décoration de la galerie d'Apollon. Cette décoration se compose, comme on sait, de voussures placées aux extrémités nord et sud de la galerie et terminant le berceau de la voûte, de cinq grands cartouches disposés au centre du plafond dans toute la longueur de la voûte qu'ils sont comme destinés à soulever en simulant autant d'ouvertures sur le ciel et d'échappées dans l'espace, de deux rangées inférieures de médaillons où sont figurés en camaïeu rehaussé d'or les mois de l'année, de quatre compartiments descendant jusqu'à la corniche où sont peintes les quatre saisons, enfin de vingt-quatre panneaux placés au milieu de la galerie, douze entre les fenêtres et douze entre les portes qui leur font face. Ces panneaux sont vides encore, mais contiendront les portraits, en tapisseries des Gobelins, des personnages célèbres du temps de Louis XIV, exécutés sous la direction de M. Ary Scheffer, qui doit se servir pour ce travail des peintures de Lebrun, Mignard, Largillière et Rigaud.

Les voussures, cartouches et médaillons de la voûte devaient être peints par Lebrun lui-même ou sous sa direction. Cette exécution, poursuivie au début avec une ardeur extrême, suspendue et reprise à diverses fois, n'aura été achevée que dans l'année 1851. C'est environ cent quatre-vingt-dix années que ce travail aura duré. L'une de ces peintures, la voussure du midi, qui représente le *Triomphe d'Amphitrite*, avait été exécutée par Lebrun lui-même. Elle se trouvait dans un affreux état de dégradation, et vient d'être restaurée assez heureusement par M. Poppleton. Lebrun avait, à ce que l'on présume, également mis la main à trois des quatre cartouches du centre de la voûte qui représentaient les quatre parties du jour ; le quatrième, représentant *Castor* ou *l'Etoile du matin*, ne fut peint qu'en 1781, par Renou. L'une de ces peintures, *l'Aurore*, fut détruite, à la fin du dernier siècle, par des couvreurs, qui chargèrent imprudemment de gravois cette partie du plafond ; elle vient d'être rétablie par M. Muller, qui, tout en se conformant au dessin de Lebrun, conservé par la gravure de Saint-André, son élève, a su garder son originalité et un coloris éclatant et harmonieux. Peut-être cependant ce morceau gagnerait-il, si certaines nuances par trop chatoyantes du manteau de la déesse et du groupe des *Amours renversant des corbeilles de fleurs* étaient légèrement adoucies. Les autres cartouches, représentant *le Soir* et *la Nuit*, bien que fort dégradés, ont pu cependant être conservés, grâce à la restauration intelligente de M. Poppleton.

Restent le cartouche central, la voussure du nord et les compartiments et médaillons de la courbure de la voûte. Les peintures des quatre compartiments de forme quasi-rectangulaire et s'appuyant sur la corniche représentent les quatre Saisons de l'année, peintes par quatre académiciens comme morceaux de réception : *l'Automne*, par Taraval, 1769 ; *l'Été*, par Durameau, 1774 ; *l'Hiver*, par Lagrenée, 1775 ; *le Printemps*, par Callet, 1780. L'exécution de ces quatre peintures dura douze années. Les médaillons où sont figurés les Mois ont été peints de même à diverses époques. Tous ces morceaux viennent d'être restaurés, et, on peut le dire pour quelques-uns, achevés. La voussure de l'extrémité nord de la galerie était restée vide. M. Joseph Guichard a été chargé de la remplir, en se servant d'un dessin laissé par Lebrun représentant *le Triomphe de Cybèle*. C'est une peinture un peu hâtée peut-être, mais fort convenable. M. Guichard a tiré un excellent parti du canevas qui lui était fourni, et auquel il a même apporté d'heureuses modifications. La figure de Cybèle a de la majesté, et le groupe des faunes, des satyres et des nymphes qui accompagnent la déesse en chantant et en jouant des instruments est bien dans le sentiment de la peinture de Lebrun.

Il y avait enfin à remplir le cinquième grand cartouche, placé au milieu de la galerie et qui occupe, en se cintrant, la largeur entière de la voûte. D'après les plans de Lebrun, ce vaste compartiment devait représenter le triomphe d'Apollon. D'anciens *Guides de Paris* ont décrit ce plafond comme existant ; mais il est certain que Lebrun n'y a jamais mis la main, et qu'il n'a même laissé aucun dessin qu'on puisse considérer comme le projet ou même la première pensée de cette œuvre. M. Eugène Delacroix, chargé de l'exécution de ce cartouche central, ne s'est donc pas astreint à la simple reproduction de la pensée de Lebrun le sujet seul, le triomphe d'Apollon, appartient au premier peintre de Louis XIV ; tout le reste, la façon de comprendre le sujet, la composition, la disposition pittoresque des groupes, en un mot tout ce qui est du domaine de l'invention ou de l'expression appartient à M. Eugène Delacroix. Et cependant ce qui distingue avant tout cette vaste composition, exécutée avec la verve et l'intelligence du peintre de la *Médée* et du *Combat de Taillebourg*, c'est sa convenance parfaite au double point de vue de l'exécution et de l'entente du sujet, qui semblerait n'avoir pu être autrement compris par Lebrun lui-même. En effet, ce morceau n'est pas une pièce de rapport, comme tant d'autres ouvrages du même genre : il convient essentiellement à la place pour laquelle il a été fait ; c'est un vrai plafond, c'est-à-dire une échappée sur les célestes espaces, et non un tableau horizontalement accroché, dont les personnages, couchés de tout leur long, menacent de se précipiter et vont vous écraser. M. Delacroix a rarement été coloriste plus souple et plus vigoureux. Chaque groupe, chaque accessoire, chaque détail ne laisse rien à désirer, quant à la richesse et à la localité du ton, et concourt puissamment à l'effet. M. Eugène Delacroix a fait preuve, une fois de plus, de cette rare intelligence du clair-obscur qu'il doit à l'étude combinée des coloristes flamands et des vénitiens. Pour être le plus grand et le plus vrai peintre de notre époque, il ne lui manque qu'un peu plus de clarté dans ses compositions et surtout plus de respect pour la forme.

Nous ne voulons pas quitter les galeries du Louvre sans nous occuper d'une peinture à laquelle M. Landelle met la dernière main, et qui devait être placée dans la salle dite de *la Renaissance*. M. Landelle, chargé de personnifier cette époque, s'est fort heureusement inspiré du XVIe siècle. Sa *Renaissance* est une femme jeune et belle, à la taille élevée, aux formes opulentes, d'une physionomie ouverte et intelligente et magnifiquement vêtue d'étoffes de soie et de brocart d'or, dont M. Landelle a été assez heureux pour retrouver des échantillons chez, les revendeurs vénitiens. Ses cheveux, relevés en couronne, selon la mode du temps, laissent au front qu'ils encadrent tout son développement et toute sa saillie ; l'œil est doux et rayonnant, la bouche délicate et réfléchie, le col puissant et rattaché à la tête avec une rare énergie. Cette femme, qui rappelle à la fois Diane de Poitiers et la belle reine de Navarre, trône avec majesté dans une espèce de somptueuse galerie. Sa main droite s'appuie sur un cadre de l'époque, entourant un portrait du roi François Ier. Autour d'elle sont groupées, dans le plus heureux désordre, des œuvres de la sculpture, de l'architecture, de l'orfèvrerie et de la ciselure du choix le plus rare et le plus précieux. M. Landelle a fort heureusement caractérisé cette charmante époque de l'émancipation ou plutôt de la sécularisation de l'art, quand, brisant le joug de l'ascétisme, il se fait mondain et retourne au culte de la souveraine' beauté. Ce sujet, bien compris par M. Landelle, convenait à la nature de son talent gracieux et distingué, et inclinant volontiers à la reproduction de la beauté ; le seul écueil que M. Landelle ait à éviter, c'est sa facilité. Cette fois, le jeune artiste s'est livré à l'exécution de son œuvre avec un soin et un amour tout particuliers il l'avait ébauchée dès l'an dernier ; il a voulu voir l'Italie avant de la reprendre et d'y mettre la dernière main. Ce voyage lui aura profité, et lui permettra de se rapprocher de cette perfection à laquelle il veut atteindre.

L'imagination est le caractère distinctif du talent de M. Matout. Il conçoit vivement un sujet, en dessine fièrement la charpente, et plus la machine est vaste et a d'importance, plus il semble se trouver à l'aise. L'immense composition qu'il exécute en ce moment pour la décoration du grand amphithéâtre de l'École de Médecine, et qui représente Ambroise Paré opérant pour la première fois la ligature de l'artère sur un gentilhomme blessé au siège d'Anvillers, eût effrayé un artiste moins résolu. M. Matout, au contraire, quand il a été assuré de pouvoir couvrir une toile de trente-deux pieds de long sur vingt pieds de haut, a respiré plus librement. Il s'est livré à de savantes recherches sous la direction du professorat de l'école ; il a recueilli des renseignements de toute espèce, s'est entouré de nombreuses études, et un beau jour il a jeté sur la toile cinquante figures de dimension héroïque, les esquissant en camaïeu. Aujourd'hui M. Matout est en pleine composition : tout est en train, tout marche, rien n'est encore achevé ; mais si le souffle qui l'a animé jusqu'à présent se soutient, et surtout, si au lieu de se borner à de brillants *à-peu-près*, il sait et veut finir, nous pouvons présager que le succès ne lui fera pas défaut. La figure d'Ambroise Paré opérant sur le champ de bataille, et disposée de façon à ce que tout l'intérêt converge bien autour d'elle, suffit à elle seule pour faire comprendre le sujet. D'une main il a saisi, au moyen de la pince, l'artère dans le moignon sanglant de l'amputé ; de l'autre, il montre le fil rouge avec lequel il va opérer la ligature. L'opéré et les aides qui le soutiennent sont dessinés avec une grande originalité, et l'on sent parfaitement que l'auteur a dû s'inspirer de la nature. Le groupe des docteurs, encore incrédules, qui ont fait rougir les fers et proposent la cautérisation en usage jusqu'alors, mais qu'Ambroise Paré va convertir avec son fil rouge, contraste heureusement avec le groupe de l'opéré ; leurs amples et riches costumes, copiés sur les manuscrits du temps, semblent taillés à souhait pour le peintre. La continuation de la bataille et de l'assaut livré à Anvillers forment un fond de tableau de la plus heureuse disposition. M. Matout doit maintenant se rappeler que l'effet de ces vastes machines réside en grande partie dans une habile entente du clair-obscur, et qu'elles réclament la magie de coloris d'un Titien, d'un Paul Véronèse, ou la fougue splendide d'un Rubens. *Lanfranc donnant la première leçon orale de chirurgie à l'hospice de Saint-Jacques-la-Boucherie* au XIIIe siècle, et *Desault installant la Clinique*, doivent, avec le tableau d'*Ambroise Paré*, compléter cette décoration de l'amphithéâtre de l'École de Médecine, qui a été confiée à M. Matout.

M. Courbet, auquel une fraction fort compromettante de l'école naturaliste avait fait un succès si bruyant à l'ouverture du dernier Salon, ne s'est pas laissé abattre par le rude contre-coup qui a suivi cette turbulente ovation. Tandis que les uns le proclamaient le seul homme de génie qui comprît l'art contemporain et l'annonçaient comme le régénérateur de l'école, d'autres ne voulaient voir en lui qu'un grotesque barbouilleur : nous sommes ainsi faits en France. C'est à la raison et au bon sens de chercher le vrai entre ces exagérations systématiques. L'auteur de *l'Après dîner à Ornans*, persuadé, à ce qu'on nous assure, qu'il n'avait mérité

Ni cet excès d'honneur ni cette indignité,

s'est répété que, malgré tout, il était peintre : il s'agissait de le prouver, et l'artiste cherchait un sujet qui pût passionner le public, quand un jour il voit passer un détachement de pompiers attelés à leurs pompes, qu'ils traînaient en toute hâte vers une maison qui brûlait ; une foule inquiète et curieuse les accompagnait en courant. Ce mouvement, cette émotion, ces uniformes frappèrent l'artiste :

il avait trouvé son tableau. M. Courbet, profitant des facilités que lui donnait le ministère de la guerre, s'est mis intrépidement à l'œuvre : on verra bientôt le résultat. Barrer le chemin à M. Courbet, comme on prétend qu'on a essayé de le faire, n'eût été ni possible ni digne. *Laisser faire* et *laisser passer* doit être un des axiomes fondamentaux de l'art. Le bon goût et le bon sens public sont là pour faire justice des erreurs et des folies.

Il y a peu d'analogie entre le talent de M. Ziégler et celui de M. Courbet : l'un procède du naturalisme le plus positif, l'autre de l'abstraction la plus quintessenciée, et cependant M. Ziégler a eu, comme M. Courbet, ses jours de succès et d'enivrement, que plus d'une fois ont suivis de brusques revirements d'opinions. M. Ziégler s'est toujours dignement relevé sous les coups de la critique, et il est resté peintre. Au dernier Salon, son tableau des *Premiers Pasteurs* nous l'a prouvé. À la prochaine exposition, la grande composition qu'il exécute pour la salle des séances de l'hôtel de ville d'Amiens, et qui représente la *Signature de la paix d'Amiens*, confirmera la preuve, et montrera l'auteur de l'hémicycle de la Madeleine sous une face toute nouvelle. L'exécution de cette page d'une histoire héroïque, où la réalité se combine si heureusement avec une certaine majesté d'apparat, appartenait de droit à M. Ziégler, que certaines affinités rattachent à l'école espagnole, et particulièrement à Vélasquez. Nous nous rappelons encore la grande tournure et la largeur d'exécution des portraits du *Connétable de Sancerre* et de *Kellermann*, et, quelles que soient les difficultés de costume et de disposition que présente l'œuvre que M. Ziégler a entreprise, nous ne doutons pas un seul moment de sa réussite.

D'importants travaux de peinture décorative ont été commandés pour les salles d'attente du conseil d'état et de la cour des comptes, au palais du quai d'Orsay. Cette décoration, qui comprend à la fois des peintures monumentales et des travaux d'ornementation, a été confiée, pour ces derniers travaux, à M. Laurent-Jean, et pour les peintures à MM. Landelle, Ange Tissier et Gigoux. Les travaux de M. Laurent-Jean ont été poussés avec une grande activité ; ils sont exécutés avec goût, et témoignent d'une étude particulière de ce genre de décoration et d'un véritable *savoir-faire*. Les peintures de MM. Landelle et Ange Tissier, représentant *la Loi, le Calcul, la Vigilance* et *la Prudence*, ne sont encore qu'à l'état d'étude ou d'ébauche. M. Gigoux, qui a voulu représenter la source des richesses de l'état ou la production,, nous fait assister aux moissons et aux vendanges ; il a poussé plus loin son travail. Son tableau des *Vendanges* est même fort avancé. Le cadre de cette peinture est fort étendu, et n'a pas moins de quatre mètres de long sur trois mètres de haut. M. Gigoux l'a rempli fort heureusement. Il ne se sert de son sujet que comme d'un gracieux prétexte pour représenter de jeunes hommes et de jeunes filles naturellement groupés et se montrant sous les attitudes les plus variées : les uns à demi perdus dans les pampres, cueillant les raisins et les chargeant dans des paniers ; les autres suspendus aux treilles ou transportant dans des corbeilles les grappes recueillies et les versant dans de vastes cuves. Cette peinture, disposée avec une largeur qui sent son maître, n'est pas encore terminée. Telle qu'elle est, elle rappelle la simplicité des peintures italiennes de la meilleure époque, auxquelles certains groupes paraissent dérobés. Nous citerons, par exemple, ces deux jeunes filles vêtues de lilas et de rose qui occupent le centre du tableau. On retrouve chez elles cette grâce à la fois naturelle et étudiée, et cette forte et élégante désinvolture des personnages des fresques florentines.

D'autres commandes de peinture monumentale ont été également faites par l'état à MM. Eugène Delacroix, Bremond et Chasseriau. M. Eugène Delacroix a été chargé par la ville de Paris, de compte à demi avec le ministère de l'intérieur, de la décoration d'une chapelle à Saint-Sulpice, et MM. Bremond et Chasseriau doivent exécuter des peintures décoratives pour les églises de la Villette et de Saint-Philippe du Roule. Ces travaux sont ou à peine commencés, ou trop peu avancés pour être convenablement appréciés dès à présent. Nous ne voulons pas prolonger davantage cet examen des efforts incessants de nos peintres dans l'intervalle des expositions, et notre but ne peut être, on le comprendra, de pénétrer dans chacun des ateliers où s'achève une œuvre d'art de quelque importance. Ce que nous voulons surtout démontrer, c'est l'utile action qu'exercent sur les arts du dessin les grands travaux de peinture monumentale, comme complément et au besoin comme correctif des expositions annuelles. On ne peut mieux compléter cette démonstration qu'en passant des peintres aux sculpteurs, dont les travaux se relient plus directement encore aux encouragements que reçoit parmi nous l'art monumental.

II

On sait que les chefs-d'œuvre de l'art antique qui furent rapportés d'Italie à la suite de nos victoires avaient été cédés à la France par un des articles du traité de Campo-Forrnio. Bonaparte, qui ne négligeait aucun des moyens de frapper l'imagination des hommes, veilla personnellement à ce que cette clause fût rigoureusement exécutée, et il ne voulut faire grâce aux vaincus ni d'une statue ni d'un tableau. Il songeait dès-lors à s'attacher l'opinion, et il savait que les Français résistent difficilement aux séductions qui s'adressent à leur amour-propre et à leur goût. Il voulait que le Louvre fût le musée de l'Europe et que les principaux monuments des arts y fussent réunis. L'*Amour grec*, le *Bacchus indien*, la *Flore*, l'*Antinoüs*, le *Discobole*, le *Faune au repos*, le *Torse*, l'*Apollon* du Belvédère, et quarante autres statues de même valeur y furent transportés successivement. On savait que la *Vénus de Médicis* était au nombre des objets cédés, et on s'étonnait de ne pas la voir figurer parmi ces chefs-d'œuvre immortels. Voici ce qui était arrivé : à la première nouvelle de ce qui venait d'être décidé, le chevalier Puccini, directeur du musée de Florence, avait lestement emballé la *Vénus*, et, en homme véritablement passionné, s'était réfugié à Palerme, de compagnie avec elle. Le secret ne fut pas si bien gardé, que sa retraite ne fût bientôt découverte. Or, quelque temps après la signature de la paix d'Amiens, une frégate française se présente dans le port de Palerme. Le commandant était porteur d'une lettre autographe du général Bonaparte, adressée au roi des Deux-Siciles. Cette lettre réclamait d'une manière polie, mais péremptoire, la *Vénus de Médicis*, comme faisant partie des conquêtes de la France. Le roi, qui avait une horrible peur des Français, mais surtout du général Bonaparte, et qui ne se souciait guère de cette Vénus compromettante, qui pouvait devenir un *casus belli*, un prétexte peut-être pour lui enlever la Sicile, s'empressa de donner des ordres pour qu'elle fût immédiatement remise aux Français. Il fallait obéir. Puccini prit donc rendez-vous avec le consul-général de France à Palerme, qui s'appelait M. Marson, et tous deux se rendirent dans le jardin d'un couvent de capucins, où la *Vénus* était cachée sous dix pieds de terre. Tandis que l'on déterrait la statue, le chevalier gardait un morne silence, qu'il n'interrompait que pour pester contre la prépotence française. Voyons donc, cher chevalier, lui dit M. Marson, ne vous désolez donc pas ainsi ; ne fallait-il pas que Vénus allât retrouver son Apollon ? — Le chevalier, se tournant brusquement vers lui et le regardant entre les deux yeux : — C'est là justement, dit-il, ce qui me met en colère, car ces gens-là ne feront jamais d'enfants chez vous.

Le mot était rude ; était-il juste ? Peut-être alors l'aurions-nous cru ; aujourd'hui nous en doutons. En effet, depuis Bosio, Cois et Chaudet, ces aigles du commencement du siècle, la statuaire a fait chez nous d'immenses progrès. Il est telles œuvres qui nous paraissent procéder en ligne assez directe de ces dieux, et qui cependant n'ont fait chez nous qu'une apparition bien fugitive. À quelle époque de l'histoire de l'art en France a-t-on pu signaler une réunion de statuaires d'un égal mérite et de styles plus divers, bien que procédant la plupart de la tradition antique : sévères et châtiés sans exclure la grâce, comme MM. Simart, Duret et Dumont ; énergiques et pleins d'accent, comme MM. David d'Angers, Rude, Étex et Préault ; fantaisistes brillants, variés et naturels, comme MM. Pollet, Marochetti, Feuchères, Barre, Bonnassieux, Dantan, Courtet et tant d'autres ; universels et réunissant toutes les conditions de l'art, comme MM. Pradier et Barye ? La dernière exposition a prouvé que ce progrès ne s'était pas ralenti. M. Pradier, dans son *Atalante*, s'est maintenu à sa hauteur ; MM. Clesinger, Jouffroy, Etex et Jaley, talents acquis, n'ont pas démérité aux yeux du public ; M. Barye s'est révélé sous un nouvel aspect dans son groupe du *Centaure* et du *Lapithe*. De jeunes talents se sont manifestés avec un certain éclat : parmi eux brillent au premier rang MM. Lequesne et Pollet dans un genre à la fois élevé et gracieux ; MM. Soitoux, Renoir, Bosio et Loison dans le genre héroïque et quelque peu académique ; MM. Demesmay, Cordier, Marcellin, d'Orsay, Leharivel, Fremiet, Caïn et Mène dans les genres les plus divers, où chacun d'eux présente une égale supériorité, et a souvent fait les plus heureuses rencontres.

La clôture du Salon a été signalée dans les ateliers par un redoublement d'activité. Les uns ont achevé l'œuvre commencée ; d'autres, en dépit des préoccupations politiques, se sont lancés dans de véritables entreprises. Le public a déjà pu apprécier quelques-uns des résultats de cet énergique mouvement. Le *Guillaume-le-Conquérant* de M. Rochet, statue équestre en bronze d'un jet vigoureux, mais dont l'exécution dénote un peu de précipitation ; le *Marceau* de M. Préault, bronze vraiment héroïque et qu'anime ce souffle martial qui jeta, il y a un demi-siècle, toute une génération à la frontière, ont été provisoirement exposés sur les places de la capitale et depuis ont été inaugurés, l'un à Falaise, l'autre à Chartres. *Les Deux Siècles* de M. Duret, ces colosses d'un aspect si imposant, ont été placés à la porte du tombeau de Napoléon, où les douze grandes *Victoires* de M. Pradier les avaient devancés. Jamais capitaine, jamais empereur n'aura été entouré, vivant ou mort, d'une garde plus héroïque et plus majestueuse. Les magnifiques bas-reliefs que M. Simart termine, et qui doivent décorer les parois de la crypte funéraire, seront le digne complément d'un travail qui mérite à lui seul une étude toute particulière.

La création du musée de Versailles sera une des gloires du dernier règne. L'idée de cette collection fut, il est vrai, conçue vers la fin du XVIIIe siècle, au milieu de la tourmente révolutionnaire, et comme moyen peut-être de sauvegarder cette habitation royale. Le roi Louis-Philippe eut du moins le mérite de la mettre à exécution, bien qu'un peu hâtivement sans doute. Cette création n'a pas été abandonnée. L'administration nouvelle, sans disposer des mêmes moyens que la liste civile, — obligée de faire face à des nécessités de toute nature et de répartir ses ressources sur toute l'étendue du pays, — a voulu néanmoins continuer l'œuvre commencée. Les statues en marbre de trois maréchaux, Macdonald, Oudinot et Bugeaud, exécutées par MM. Nanteuil, Jean Debay et Dumont, et du jeune marin Viala, œuvre du ciseau de M. Matthieu Meunier, la statue de Chateaubriand par M. Duret, et les bustes de plusieurs personnages célèbres, parmi lesquels on distingue les généraux Bréa et Corbineau, l'amiral Leray, le comte Mollien, vont enrichir les galeries de sculpture du palais et compléter ses collections.

Parmi les principaux ouvrages de sculpture qu'on termine en ce moment, nous signalerons encore les deux grands groupes de MM. Etex et Clesinger : le premier a représenté *la Ville de Paris implorant la miséricorde divine sur les victimes du choléra* ; le second, *le Christ mort, la Vierge et la Madeleine*, vaste composition qu'il a complétée au moyen d'un magnifique bas-relief de la Cène qui doit former le devant de l'autel, sur lequel la *Pietà* doit être placée, et de deux anges éplorés qui seront placés à chacune des extrémités du même autel. Ces deux figures d'ange, que M. Clesinger vient de terminer, peuvent rivaliser dignement avec les meilleurs morceaux de la sculpture italienne. Le groupe de M. Etex, composé de quatre figures de dimensions colossales, sera digne de ce beau groupe de *Caïn* qui fonda la réputation de cet artiste il y a une vingtaine d'années. La figure de la ville de Paris est pleine d'accent et de majesté : comme la Niobé antique, elle pleure sur ses enfants étendus autour d'elle, ce vieillard, cette jeune femme, cet enfant que le fléau a frappé ; mais sa douleur, que la Foi console, que la Résignation soutient, est calme et sympathique, elle est surtout étrangère à ces révoltes de l'amour maternel et de l'orgueil qui caractérisent le désespoir de la mère païenne. Ce groupe, exécuté en marbre de Carrare, doit servir à la décoration de la salle principale du grand hospice construit sur les terrains du clos Saint-Lazare. La *Pietà* de M. Clesinger est destinée à l'une des chapelles de l'église Sainte-Clotilde.

Un autre morceau de sculpture extrêmement remarquable est exposé dans les ateliers de M. Courtet. C'est la reproduction en bronze du modèle de la *Centauresse enlevant un Faune* qui fut exposé en 1849, et que le jeune artiste, qui a débuté par un coup de maître, appelle, nous ne savons pourquoi, *une Bacchanale*. En effet, en dépit des pampres, des grappes de raisin, des coupes et de la panthère, ces deux personnages sont animés par une tout autre ivresse que l'ivresse du vin. La centauresse surtout a bien toute la fougueuse ardeur qui convient à ces êtres hybrides. Femme et cavale à la fois, l'énergique et voluptueuse créature brûle du double amour allumé dans ses doubles flancs :

Scilicet antè omnes furor est insignis equarum !…

Le feu qui la dévore la fait bondir et haleter, gonfle son col, soulève son sein, et, serpentant le long de sa croupe sur laquelle elle vient de jeter le jeune faune, lui communique l'ardeur qui la consume et lui livre sans défense ce bel adolescent sur les yeux duquel elle attache son œil chargé d'amour.

La croupe robuste et frémissante contraste merveilleusement avec la légèreté de ce torse de femme si souple, si vivant, si poli, et le bras relevé sur la tête est d'une grâce incomparable. La draperie si heureusement jetée sur le corps de la cavale, et qui sert à rattacher les deux natures, est d'une facture et d'un goût excellent. La panthère, les autres accessoires bachiques qui ne nous paraissent imaginés que pour sauver ce que le sujet pouvait avoir de trop délicat, accompagnent fort heureusement la composition. Ils comblent certains vides, cadencent les lignes principales, et, bien que nécessaires à la consolidation du groupe, ne font nullement l'effet de ces pièces de rapport en usage en pareille occasion. Le faune est bien jeune et bien vivant. Il ne s'appartient plus et se livre avec un curieux abandon à ces étranges caresses. L'exécution de cette figure présente aussi de véritables beautés : les extrémités ne laissent rien à désirer ; l'abdomen seul nous paraît fruste et négligé ; sa tension est bien exprimée, mais le xiphoïde semble brisé, et les droits sont à peine indiqués. On pourrait critiquer aussi le trop peu de longueur du corps de la cavale et la maigreur des jambes de devant, peu en proportion avec l'ampleur de la croupe. Le groupe de M. Courtet n'en est pas moins un morceau d'une haute distinction, une de ces heureuses rencontres qu'il est donné à peu d'artistes de faire, et c'est cependant à cette source de l'antiquité que l'on croirait tarie qu'il a puisé son sujet. André Chénier, arrivant à la suite de la tourbe mythologique des poètes musqués du dernier siècle, nous avait déjà montré l'or pur et ductile que ce sol fécond recélait. La *Centauresse* de M. Courtet nous semble un poème d'André Chénier coulé en bronze.

Le *Faune dansant* de M. Lequesne est encore une de ces heureuses inspirations de l'art antique et de la fable. Cette statue, qui, au dernier Salon, a balancé la grande médaille, est trop connue pour que nous la décrivions ici. Exécutée en bronze sur la commande du ministère de l'intérieur, elle sera l'un des morceaux d'élite de la prochaine exposition, si elle n'en est le chef-d'œuvre.

Deux statues équestres et monumentales, la *Jeanne d'Arc* de M. Foyatier et le *Napoléon* de M. de Nieuwkerke, vont sortir également de l'atelier du fondeur et seront inaugurées prochainement l'une à Orléans, l'autre à Lyon. Jeanne d'Arc et Napoléon, ces deux grandes gloires de la France, qui, au moment où le pays était tombé si bas, l'ont replacé si haut, l'une en repoussant l'invasion étrangère, l'autre en écrasant les factions, et qui tous deux sont morts en martyrs, victimes des mêmes bourreaux, Jeanne d'Arc et Napoléon auront trouvé, nous n'en doutons pas, de dignes interprètes.

Parmi les travaux de sculpture récemment terminés ou en voie d'achèvement, nous devons encore mentionner la décoration sculpturale de la gare du chemin de fer de Strasbourg, œuvre de MM. Lemaire et Brian ; les bas-reliefs et médaillons de l'hôtel du timbre, exécutés par MM. Jacquemart et Oudiné ; les groupes d'animaux commandés à MM., Barye, Fratin, Fremiet et Caïn ; le gracieux modèle des *Nymphes à la fontaine*, de M. Desboeufs ; l'étude fort remarquable du groupe d'*Acis et Galatée guettés par le Cyclope*, que termine M. Ottin, et qui pourra s'appliquer à la fontaine monumentale du Luxembourg. Nous signalerons également, et en première ligne, les quatre groupes équestres destinés aux quatre piédestaux des angles du pont d'Iéna, que terminent dans les ateliers de l'île des Cygnes MM. Feuchères, Préault., Devaulx et Daumas. Chacun de ces groupes représente un cavalier et un cheval appartenant à une race différente. M. Daumas a reproduit la race romaine, M. Devaulx la race grecque, M. Préault la race gauloise, et M. Feuchères la race arabe. Ces morceaux se distinguent par des qualités éminentes, et quelques-uns annoncent une singulière puissance de jet. Toutefois ce travail ne pourra être convenablement apprécié que lorsque chacun de ces grands groupes aura été élevé sur sa base aux quatre angles du pont. Nous faisons les mêmes réserves pour le fronton de l'école des mines, que la mort de M. Legendre-Héral vient de laisser inachevé, et pour le monument funéraire de l'archevêque de Paris, que M. Auguste Debay, lauréat d'un concours célèbre, termine sur place dans l'une des chapelles de l'église Notre-Dame de Paris.

On le voit, dans un pays aussi agité que le nôtre, et dont naguère encore l'avenir était si incertain, la situation des arts est prospère au-delà de toute espérance : c'est plutôt même contre les excès de la production que contre l'impuissance et le découragement qu'il y aurait aujourd'hui à les prémunir. Des esprits chagrins trouveront que cette situation des arts présente une étrange anomalie. Nous voulons, nous, y voir un gage de sécurité pour le présent, d'espérance pour l'avenir. Les artistes, nous le savons, sont les plus insouciants des hommes : ils s'abritent, dans la tempête, sous un rameau de laurier ; mais cette indifférence et ce stoïcisme ne peuvent avoir qu'un temps, car, après tout, il faut vivre. Aussi, quand on a vu, le lendemain d'un bouleversement social et en dépit des terreurs générales, tant de gens de talent se reprendre d'une si ardente passion pour leur art et produire avec cette fiévreuse activité, on a dû croire qu'ils obéissaient à ces mystérieux instincts communs aux artistes et aux poètes, et que l'avenir leur apparaissait stable et pacifique. Espérons que la nouvelle ère qui s'ouvre justifiera leurs prévisions. Quoi qu'il en soit, l'année qui vient de s'achever laissera une trace brillante dans les annales de l'art français. L'impulsion est donnée, et le mouvement ne doit pas s'arrêter. C'est au pouvoir de le féconder et de le diriger. Les arts, dans notre pays de France, veulent être pris au sérieux. Tandis que des politiques à courte vue affectent de ne les considérer que comme une sorte de brillante et onéreuse superfluité, l'homme d'état découvre en eux un des ressorts les plus énergiques et les plus propres à agir sur l'opinion des hommes qu'ils passionnent, un des éléments les plus essentiels à la vie d'une nation, dont ils manifestent l'intelligence et constatent la grandeur.

Notes

1. Voyez la livraison du 15 juillet 1851.

2. M. Horace Vernet a reçu au Salon de 1812 la médaille de 500 francs, alors médaille de première classe. Cette exposition de 1812 fut, ainsi que l'exposition de 1810, dont M. Guizot a rendu compte, l'une des plus brillantes de l'empire. Onze médailles de première classe furent décernées aux artistes dont voici les noms: Bidault, Ponce Camus, Fragonard, Géricault, Heim, Hobelt d'Amsterdam, Mauzaisse, Pajou, Sérangeh, Horace Vernet, Gois. La liste civile impériale acheta pour 61,000 francs de tableaux, au nombre desquels le Pierre-le-Grand sur le lac Ladoga, de Steuben (5,500 francs), et le Caïn de Paulin Guérin (5,000 fr.). L'impératrice acheta de son côté dix tableaux moyennant 25,000 fr., et le ministère de l'intérieur employa 15,000 francs sur le fonds d'encouragements à l'acquisition de cinq tableaux. Le total des encouragements à la suite du Salon s'éleva à 116,000 francs, savoir : onze médailles de première classe, 5,500 fr. ; trente-six médailles de deuxième

classe, 9,000 francs ; tableaux achetés par l'empereur, 61,000 fr. ; par l'impératrice, 25,500 fr., par le ministère de l'intérieur, 15,000 francs.

3. Voyez sur cette collection la livraison du 15 décembre.

www.ingramcontent.com/pod-product-compliance
Lightning Source LLC
Chambersburg PA
CBHW071110240526
45469CB00006BD/2422